元史

明 宋濂等撰

第十五册

卷一九四至卷二一〇（傳）

中華書局

元史卷一百九十四

列傳第八十一

忠義二

張桓字彥威，眞定藁城人。父木，知汝寧府，因家焉。桓以國子生釋褐授滑之白馬丞，入補中書掾，擢國子典簿。拜陝西行臺監察御史，以言事不合去。

未幾，汝寧盜起，桓避之確山。賊久知桓名，襲獲之，羅拜請爲帥，弗聽。因六日，擁至渠魁前，桓直趨據榻坐，與之抗論逆順。其徒捽桓起跪，桓仰天大呼，詈叱彌厲，且屢唾賊面。賊猶不忍殺，謂桓曰：「汝但一揖，亦恕汝死。」桓瞋目曰：「吾恨不能手斬逆首，肯聽汝誘脅而折腰哉！」賊知終不可屈，遂刺之。年四十八。賊後語人曰：「張御史眞鐵漢，害之可惜！」事聞，贈禮部尙書，謚忠潔。

李黼字子威，潁人也。工部尚書守中之子，守中性卞急，遇諸子極嚴，每一飲酒，輒半月醉不解，黼百計承順，求寧親心，終不可得，跪而自訟，往往達旦，無幾微厭怠之意。

初補國學生。泰定四年，遂以明經魁多士，授翰林修撰。明年，代祠西嶽，省臣謂黼曰：「敕使每後我，今可易邪？」黼曰：「王人雖微，春秋序於諸侯之上，尊君也，奈何後乎！」省臣不敢對。

改河南行省檢校官，遷禮部主事，拜監察御史。首言：「禴祠烝嘗，古今大祭，今太廟唯二祭，而日享佛祠、神御，非禮也，宜據經行之。成均，教化之基，不當隸集賢，宜屬省臣兼領。諸侯王歲賜有定額，分封易代之際，陳請恩例，世系戚疏，無成書可考，宜倣先代，修正玉牒。」皆不報。

轉江西行省郎中，入爲國子監丞，遷宣文閣監書博士，兼經筵官。數與勸講，每以聖賢心法爲帝言之。俄中書命黼巡視河渠，黼上言曰：「蔡河源出京西，宋以轉輸之故，平地作堤，今河底塡淤，高出地面，秋霖一至，橫潰爲災，宜按故迹修浚。他日東河或有不測之阻，江、淮運物，當由此分道達京，萬世之利也。」亦不報。升祕書太監，拜禮部侍郎。奉旨詳定中外所上封事。已而廷議內外官通調，授黼江州路總管。

至正十一年夏五月，盜起河南，北據徐、蔡，南陷蘄、黃，焚掠數千里，造船北岸，銳意南攻。九江居下流，實江東、西襟喉之地，黼治城壕，修器械，募丁壯，分守要害，且上攻守之策於江西行省，請兵屯江北，以扼賊衝，庶幾大江之險，賊不得共之，不報。黼嘆曰：「吾不知死所矣。」乃獨椎牛饗士，激忠義以作士氣，數日之間，紀綱粗立。

十二年正月己未，賊渡江，陷武昌，威順王及省臣相繼遁，舳艫蔽江而下，江西大震。賊乘勝破瑞昌，右丞孛羅帖木兒方軍于江，聞之，遁。黼雖孤立，辭氣愈奮厲。

時黃梅縣主簿也孫帖木兒，願出擊賊，黼大喜，向天瀝酒與之誓。言始脫口，賊游兵已至境，急檄諸鄉落聚木石於險塞處，遏賊歸路。倉卒無號，乃墨士卒面，統之出戰，黼身先士卒，大呼陷陣，也孫帖木兒繼進，賊大敗，逐北六十里。鄉丁依險阻，乘高下木石，橫屍蔽路，殺獲二萬餘。黼還，謂左右曰：「賊不利於陸，必由水道以舟薄我，苟失備禦，吾屬無噍類矣。」乃以長木數千，冒鐵椎於杪，暗植沿岸水中，逆刺賊舟，謂之七星樁。會西南風急，賊舟數千，果揚帆順流鼓譟而至，舟遇樁不得動，進退無措，黼帥將士奮擊，發火翎箭射之，焚溺死者無算，餘舟散走。行省上黼功，請拜江西行省參政、行江州、南康等路軍民都總管，便宜行事。

已而賊勢更熾，西自荊湖，東際淮甸，守臣往往棄城遁，黼守孤城，提孱旅，斬馘扶傷，無日不戰，中外援絕。二月甲申，賊將薄城，分省平章政事禿堅不花自北門遁，黼引兵登障，布戰具，賊已至甘棠湖，焚西門，乃張弩箭射之，賊趦趄未敢進，轉攻東門，黼救東門，賊已入，與之巷戰，知力不敵，揮劍叱賊曰：「殺我！毋殺百姓！」賊自巷背來，刺黼墮馬，黼與從子秉昭俱罵賊而死。郡民聞黼死，哭聲震天，相率具棺，葬于東門外。黼死踰月，參政之命始下，年五十五。

黼兄冕居潁，亦死于賊。秉昭，冕季子也。事聞，贈黼攄忠秉義效節功臣、資德大夫、淮南江北等處行中書省左丞、上護軍，追封隴西郡公，謚忠文。詔立廟江州，賜額曰崇烈。官其子秉方集賢待制。

李齊字公平，廣平人。家甚貧，客授江南，工辭章。元統元年進士第一。歷僉河南淮西廉訪司事，移知高郵府，有政聲。至正十年，盜突入府驛，取十二馬去，齊躬追謝長等殺之。十一年，州人秦觀保造兵仗，將圖劫掠，復獲而行誅。

十三年，泰州白駒場亭民張士誠爲亂，破泰州。河南行省遣齊往招降，〔一〕被拘。久之，賊酋自相殺，始縱齊來歸。泰州平，賊徒尚鳌聚，士誠復鼓變，殺參知政事趙璉，掠官庫民財，走入得勝湖，俄陷興化縣。行省以左丞偰哲篤偕宗王鎭高郵，使齊出守甓社湖。

夏五月乙未，數賊入城，一譟呼而省憲官皆遁。齊急還救城，賊已閉門拒我，遂連興化接得勝湖，舟艦四塞，蔓延入寶應縣。已而有詔：凡叛逆者赦之。詔至高郵，不得入，賊紿曰：「請李知府來，乃受命。」行省强齊往，至則下齊獄中，齊益辯說，士誠本無降意，特遷延爲繕飭計耳。官軍諜知之，乃進攻城，士誠呼齊使跪，齊叱曰：「吾膝如鐵，豈肯爲賊屈！」士誠怒，扼之跪，齊立而詬之，乃曳倒，搥碎其膝而咼之。

論者謂大科三魁，若泰不華沒海上，李黼隕九江，洎齊之死，皆不負所學云。

褚不華字君實，隰州石樓人，沉默有器局。泰定初，補中瑞司譯史，授海道副千戶，轉嘉興路治中，連拜南臺、西臺監察御史，遷河西道廉訪僉事，移淮東。未幾，陞副使。汝、潁盜發，勢張甚。不華行郡至淮安，極力爲守禦計。賊至，多所斬獲。且請知樞密院老章、判官劉甲守韓信城，相掎角爲聲援。復上章，劾總兵及諸將逗撓之罪。朝廷錄其功，陞廉訪使，階中奉大夫。甲有智勇，與賊戰輒勝，賊憚之，號曰劉鐵頭，不華頗賴之。總兵者聞不華劾己，益恚嫉，乃檄甲別將兵擊賊，冀以困不華。甲去，韓信城陷，賊乃掘塹相銜，揵水寨以圍我。

既而天長青軍叛，普顏帖木爾所統黃軍復叛，賊皆挾之來攻，不華知事危，退入哈剌章營。賊稍引去，乃出，抵楊村橋，賊奄至，殺廉訪副使不達失里，啖其屍。不華以餘兵入淮安，時城之東、西、南三面皆賊，惟北門通沭陽，阻赤鯉湖，指揮使魏岳、楊暹駐兵沭陽，淮安倚其芻餉，而赤鯉湖爲賊據，沭陽之路又絕。賊計孤城可取，進柵南瑣橋。不華與元帥張存義出大西門，會僉事忽都不花兵突賊柵，殊死戰，賊敗走，追北二十餘里。城中食且絕，元帥吳德琇運糧萬斛入河，竟爲賊所掠，德琇僅以身免。賊與青軍攻圍日益急，總兵者屯下邳，相去五百里，按兵不出，凡遣使十九輩告急，皆不聽。城中餓者仆道上，卽取啖之，一切草木、螺蛤、魚蛙、燕鳥，及韡皮、鞍韂、革箱、敗弓之筋皆盡，而後父子夫婦老稚更相食，撤屋爲薪，人多露處，坊陌生荊棘。力旣盡，城陷，不華猶據西門力鬭，中傷見執，爲賊所臠。次子伴哥，冒刃護之，亦見殺。時至正十六年十月乙丑也。

不華守淮安五年，殆數十百戰，精忠大節，人比之張巡云。朝廷聞之，贈翰林學士承旨、榮祿大夫、柱國，追封衞國公，謚曰忠肅，賻鈔二百錠，以卹其家。

郭嘉字元禮，濮陽人。祖昂，父惠，俱以戰功顯。嘉慷慨有大志，始由國子生登泰定三年進士第，授彰德路林州判官，累遷翰林國史院編修官，除廣東道宣慰使司都元帥府經歷。未幾，入爲京畿漕運使司副使，尋拜監察御史。

會朝廷以海寇起，欲於浙東溫、台、慶元等路立水軍萬戶鎭之，衆論紛紜莫定。擢嘉禮部員外郎，乘驛至慶元，與江浙行省會議可否。嘉至，首詢父老，知其弗便，請罷之。會方擇守令綏靖遼東，乃授嘉廣寧路總管，兼諸奧魯勸農防禦。屬盜起，軍旅數興，供餉無虛日。民苦和糴轉輸，而吏胥得因時爲奸。嘉設法計其戶口，第其甲乙，民甚便之。有詔團結義兵，嘉招集民數千，教以坐作進退，萬、千、百夫各統以長，號令齊一，賞罰明信。故東方諸郡，錢糧之富，甲兵之精，稱嘉爲最。

十八年，寇陷上京，〔三〕嘉聞之，躬率義兵出禦。既而遼陽陷，嘉將衆巡邏，去城十五里，遇靑號隊伍百餘人，紿言官軍，嘉疑其詐，俄果脫青衣變紅，嘉出馬射賊，分兵兩隊而夾攻之，生擒賊數百，死者無算。嘉見賊勢日熾，孤城無援，乃集同官議攻守之計，衆皆失措，嘉曰：「吾計決矣。」因竭家所有衣服財物犒義士，以勵其勇敢，且曰：「自我祖宗，有勳王室，今之盡忠，吾分內事也。況身守此土，當生死以之，餘不足恤矣。」

頃之，賊至，圍城亘數十里，有大呼者曰：「遼陽我得矣，何不出降！」嘉挽弓射呼者，中其左頰，墮馬死，賊稍引退，嘉遂開西門逐之，賊大至，力戰以死。事聞，贈崇化宣力效忠功臣、資善大夫、河南江北等處行省左丞、上護軍，封太原郡公，諡忠烈。

喜同，周姓，河西人。初爲後宮衞士，衆稱其才，選充承徽寺經歷，再調南陽縣達魯花赤。居二歲，妖賊起，陷鄧州，人情洶洶。

俄而賊鋒抵南陽，南陽無城無兵，賊入之若虛邑。喜同以計獲數賊，詰之，云賊將大至。悉斬之，以安衆心，晝夜督丁壯巡邏守備。時大司農錢木爾，以兵駐于諸葛菴，爲賊所襲，死之。〔三〕賊遂乘銳取南陽，喜同守西門，望見賊勢盛，卽以死自許，與家人訣曰：「吾與汝等不能相顧矣，但各逃生，吾分死此，以報國也。」

已而城中皆哭，喜同策厲義兵，奮力與賊搏，賊退去。明日復至，與戰甚力，殺賊凡數百。賊知無後援，戰愈急，南陽遂陷。喜同突圍將自拔，賊橫刺其馬，馬蹶，喜同鞭馬躍而起，手斬刺馬者。俄而爲他賊所追，身被數創，不能鬭，遂見執，爲所殺。妻邢氏，聞喜同力戰死，帥家僮數人出走，遇賊，奪賊刀斫之，且罵且前，亦見殺。一家死者二十餘人。贈南陽路判官。

時襄陽錄事司達魯花赤塔不台字彥暉者，元統元年進士。魏王軍汝、亳，塔不台來供餉。王嗜酒，輕戰備。一夕，賊劫王，王臥未能起，爲所執。塔不台馳騎奪王，亦爲賊所得。比明，見賊酋，王拜乞活，塔不台以足蹴王曰：「猶欲生乎！」賊復屈其拜，塔不台拒而詬之，且與縛者角，遂支解。

韓因字可宗，汴梁人。少習舉子業，負氣不羣。盜據汝寧，官軍討之，久不下，會朝廷詔赦叛逆，募可持詔入賊者，卽借以官。因應命，乃借因以唐州判官，使焉。賊渠恐其黨心搖，導因止于外，納詔不讀，詰問再三，因答以「恩宥寬大，禍福所係」甚切。不聽，乃縱因歸報。因出，乘馬周賊屯，大言曰：「汝輩好百姓，何不出降歸田里，而甘從逆賊驅使耶！」衆愕眙相顧。或以告賊渠，渠追因，責其所言。因極口肆詈，賊怒，寸割因。

卞琛，大名人。世爲農夫，早游學京師，得補國子生，旣而丁母憂，治農于家。至正十二年，鄰郡盜起。未幾，來剽掠，琛與從子小十、府史李仲亨等協謀，統丁壯數百人擊賊。丁壯皆民兵，無弓矢之備，直以鈎鉏白梃當賊。賊矢雨集，琛衆潰散，被擒。仲亨、小十皆死。賊素知琛，諭之曰：「汝從我，解汝縛；不從，殺汝。」琛唾罵曰：「我國子生也。視汝逆賊，眞狗彘也。吾寧義死，不從賊生！」罵不止，賊屢脅不聽，殺之。

喬彝字仲常，晉寧人。性高介有守，一時名稱籍甚。至正十八年，賊由絳州垣曲縣襲晉寧。城陷，城中死者十二三。彝整冠衣，聚妻子，家有大井，彝坐井上，令妻子婢輩循次投井中，而已隨赴之。彝旣死，賊首王士誠使人卽彝家邀致之，至則彝已死矣。賊平，朝廷贈彝臨汾縣尹，賜謚純潔。

有張嵓起、王佐者，皆士人也，並以不屈賊而死。嵓起字傅霖，汾州人。累舉不中，嘗用薦者，徵爲國子助教。居一歲，免歸。盜旣去晉寧，復陷汾州，嵓起與妻赴井死。

王佐字元輔，晉寧人。從父居上都，教授里巷，不與時俯仰。會賊至，倉卒不能避，爲所獲，欲降之。佐傲岸自如，詬賊不輟，因見害。

又有吳德新者，字止善，建昌人。工醫，留京師，久之，嘗往寧夏。會盜至，德新見執，脅使降，德新厲聲曰：「我生爲皇元人，死作皇元鬼，誓不從爾賊！」賊乃縛其兩手，加白刃頸上，迫其畏屈，德新罵不已。乃曳之井上，陽欲擠之。德新偶得寬，卽自投井中，仰罵賊。賊下射，矢貫其頂，罵益力。賊怒，以長槍刺之。然亦壯其志，憐其死，曰：「此眞丈夫也！」以土埋井而去。

顏瑜字德潤，兗州曲阜人，兗國復聖公五十七代孫也。以行誼用舉者，爲鄒及陽曲兩縣敎諭。至正十八年，田豐起山東，瑜擕家走鄆城，道遇賊，以刃來脅瑜曰：「爾何人？」瑜曰：「我東魯書生也。」賊執瑜曰：「爾書生，吾不爾殺，可從我見主帥。」瑜罵曰：「爾賊，何主帥邪！」賊怒，欲殺瑜，瑜無懼色。復使之寫旗，瑜大詬曰：「爾大元百姓，天下亂，募爾爲兵，而反爲叛逆。我腕可斷，豈能爲爾寫旗從逆乎！」賊以槍刺瑜，至死駡不絶口。其妻子皆爲所害。

又有曹彥可者，亳州人。會妖寇起里中，多田野無賴子，目不知書者。旣破亳，揭帛于竿，皆羣趨彥可家刼之，使寫旗。彥可力辭，乃迫以刀斧。彥可唾之曰：「我儒者，知有君父，寧死耳，豈爲汝寫旗者耶！」賊怒，遂見害，年七十矣。其家素貧，又死於亂，藁殯其尸。賊旣定，有司具以事聞，中書爲給貲以葬，賜謚節愍。

王士元字堯佐，恩州人。泰定四年進士，由棣州判官累遷知磁州。値軍興，餽餉需索日繁，民不堪命。士元心念其民，力爲區畫，至爲將士陵辱訶責，弗避也。改知濬州，州濱黄河，嘗經盜賊，城堞不完，市井空荒，士元邑邑不得志，而臨事未嘗易其素。

至正十七年，賊復迫濬州，州兵悉潰散，士元坐堂上，顧其子致微使避賊，曰：「吾守臣，居此，職也。若可逃生。」子侍立，不忍去。賊前問曰：「爾爲誰？」士元叱曰：「我王知州也。强賊識我否？」賊欲縛士元，士元奮拳毆賊，賊怒，并其子殺之。

楊樸字文素，河南人。早以文學得推擇爲吏，任至滁州全椒縣尹。滁界廬江，廬江陷於寇，滁人震動。行省參政也先總兵于滁，不理軍事，唯縱飲，至暮，城門不鑰，寇入縱火，猶張燭揮杯，急踰城出走。樸度必死，乃盡殺其妻女，朝服坐堂上。盜欲降之，樸指妻女示曰：「我已戕我屬，政欲死官守耳，尙何云云！」乃連唾之。賊縶樸，倒懸樹上，而割其肉至盡，猶大罵弗絕。

趙璉字伯器，宏偉之孫也。至治元年，登進士第，授嵩州判官。再調汴梁路祥符縣尹。入爲國子助教。累遷湖廣行省左右司郎中。除杭州路總管。杭於東南爲劇郡，地大民夥，長吏多不稱其職。璉爲人强毅開敏，精力絕人，吏莫不服其明決，而不敢欺。浙右病於徭役，民充坊里正者，皆破其家。朝廷令行省召八郡守集議便民之法，璉獻議以屬縣坊正爲雇役，里正用田賦以均之，民咸以爲便。有盜誘其同惡，持刃出市，斫人以索金，市民乃戶斂以予之，人無敢言者。璉曰：「此不可長也。」遣卒掩捕之，盡戮諸市。踰年，召拜吏部侍郎。杭人思之，刻其政績于碑。

歷中書左司郎中，除禮部尙書。尋遷戶部，拜參議中書省事。出爲山北遼東道廉訪使。是時河南兵起，湖廣、荆襄皆陷，而兩淮亦騷動。朝廷乃析河南地，立淮南江北行省于揚州，以璉參知政事。璉方病水腫，卽輿疾而行。既至，分省鎭淮安，又移鎭眞州。

會張士誠爲亂，突起海濱，陷泰州、興化，行省遣兵討之，不克。乃命高郵知府李齊往招諭之。士誠因請降，行省授以民職，且乞從征討以自效。遂移璉鎭泰州，璉乃趣士誠治戈船，趨濠、泗。士誠疑懼不肯發，又覘知璉無備，遂復反。夜四鼓，縱火登城，璉力疾押佩刀上馬，與賊鬭市衢。賊圍璉，邀至其船，璉詰之曰：「汝輩罪在不赦，今旣宥爾誅戮，又錫以名爵，朝廷何負於汝，乃旣降復反邪！汝棄信逆天，滅不旋踵。我執政大臣，豈爲汝賊輩屈乎！」卽馳騎奮擊賊，賊以槊撞璉墜地，欲舁登其舟，璉瞋目大罵，遂死之。其僕揚兒以身蔽璉，亦俱死。及亂定，州民收其屍，歸殯于眞州。事聞，賻鈔三百錠，仍官其子錡。

弟琬，字仲德，仕至台州路總管。至正二十七年，方國瑛以舟挾琬至黃巖。琬潛登白龍奧，舍於民家，絕粒不食。人勸之食，輒瞑目卻之，七日而死。

孫撝字自謙，曹州人。至正二年進士，授濟寧路錄事。張士誠據高郵叛，或謂其有降意，朝廷擇烏馬兒爲使，招諭士誠，而用撝爲輔行。撝家居，不知也。中書借撝集賢待制，給驛，就其家起之。撝强行抵高郵，士誠不迓詔使。撝等旣入城，反覆開諭，士誠等皆竦然以聽。已而拘之他室，或日一饋食，或間日一饋食，欲以降撝，撝唯詬斥而已。乃令其黨捶撝，肆其陵辱，撝不屻也。

及士誠徙平江，撝與士誠部將張茂先謀，將撝所授站馬劄子，遣壯士浦四、許誠赴鎭南王府，約日進兵復高郵。謀泄，執撝訊問，撝罵聲不絕，竟爲所害。後賊中見失節者，輒自相嗤曰：「此豈孫待制耶！」事聞，贈翰林侍讀學士、中奉大夫、護軍，追封曹南郡公，謚忠烈。賜田三頃恤其家。

石普字元周，徐州人。至正五年進士，授國史院編修官，改經正監經歷。淮東、西盜起，朝廷方用兵，普以將略稱，同僉樞密院事董鑰嘗薦其材，會丞相脫脫討徐州，以普從行。徐平錄功，遷兵部主事，尋陞樞密院都事，從樞密院官守淮安。

時張士誠據高郵，普詣丞相，面陳破賊之策，且曰：「高郵負重湖之險，地皆沮洳，騎兵卒莫能前，與普步兵三萬，保取之。高郵旣平，則濠、泗易破，普請先驅，爲天下忠義倡。」丞相壯之，命權山東義兵萬戶府事，招民義萬人以行。而汝中柏者方用事，陰沮之，減其軍半。初令普便宜行事，及行，又使聽淮南行省節制。

普行次范水寨，日未夕，普令軍中具食，夜漏三刻，下令銜枚趨寶應，其營中更鼓如平時。抵縣，卽登城，樹幟城上，賊大驚潰，因撫安其民。由是諸將疾普功，水陸進兵，乘勝拔十餘寨，斬賊數百。將抵高郵城，分兵三隊：一趨城東，備水戰；一爲奇兵，虞後；一普自將，攻北門。遇賊與戰，賊不能支，遁入城。普先士卒躡之，縱火燒關門，賊懼，謀棄城走。而援軍望之，按不進。且忌普成功，總兵者遣蒙古軍千騎，突出普軍前，欲收先入之功。而賊以死扞，蒙古軍恇怯，卽馳回，普止之不可，遂爲賊所蹂踐，率墜水中。

普軍亂，賊乘之。普勒餘兵，血戰良久，仗劍大呼曰：「大丈夫當爲國死，有不進前者，斬！」奮擊，直入賊陣中，從者僅三十人。至日西，援絕，被創墮馬，復步戰數合，賊益至，賊指曰：「此必頭目，不可使逸，須生致之。」普叱曰：「死賊奴，我卽石都事，何云頭目！」左脅爲賊鎗所中，猶手握其鎗，斫賊死。賊衆攢鎗以刺普，普與從者皆力戰，俱死之。

盛昭字克明，歸德人。由儒學官累遷淮南行省照磨。會詔使往高郵，不得達而還，謬稱賊已迎拜，但乞名爵耳。行省不虞其欺，乃遣昭入高郵，授所與士誠官。士誠拒不聽，拘諸舟中。昭語所從吏曰：「吾之止此，有死而已。」

既而官軍逼高郵，士誠授昭以兵，使出拒官軍，昭叱曰：「吾奉命招諭汝，汝拘留詔使，罪不容斬，又欲吾從汝爲賊耶！」大罵不絕口，賊怒，先剜其臂肉，而後磔之。

楊乘字文載，濱州渤海人。至正初，爲介休縣尹，民饑散爲盜，乘立法招之，使自新，皆棄兵頓首，願爲良民。其後累官江浙行省左右司員外郎，坐海寇掠漕糧舟免官，寓居松江。

張士誠入平江，其徒郭良弼、董綬言乘于士誠，士誠遣張經招乘，乘曰：「良弼、綬皆名臣，今已失節，顧欲引我，以濟其惡邪！」且讓經平日讀書云何，經俛首不能對。乘日與客痛飲，竟日不言。客問：「盍行乎？」乘曰：「乘以一小吏致身顯官，有死而已，尙何行之有！」經促其行愈急，乘乃整衣冠，自經死，年六十四。

納速剌丁字士瞻，其父馬合木，從征襄陽，以勞擢濬州達魯花赤，因家大名。納速剌丁起身鄉貢進士，補淮東廉訪司書吏。丁母憂，服闋，補兩浙鹽運司掾，復辟掾淮東宣慰司。至正十年，賊發眞州，納速剌丁以民兵往襲之，獲賊四十二人。已而泰州賊大起，鎭南王府宣慰司請參議軍事，納速剌丁建議築四城，立外寨，撻堤穿河，募兵與賊抗。行省檄其提戰艦六十、海舟十四，上下巡捕，以固江面，且護蒙古軍五百往江寧，道遇賊，斬擊二百餘級，生獲十八人，遂抵龍潭而還。

未幾，出邏江上，賊突至，馳船來鬬，納速剌丁手射死三十賊，奪其放火小船二百，賊因遁走。俄復據龍潭口，又擊走之，追斬三百餘級。其子寶童擒首賊陳亞虎等及其號旗。捷聞，賞賚良渥，且召納速剌丁還眞州。而賊犯蕪湖，南行臺檄使來援，乃以兵赴。及至，賊船已薄岸，遂三分戰艦，縱擊之，賊奔潰，俘斬甚衆。賊不得渡江者，多納速剌丁之功也，因留守蕪湖江口。

泰州李二起，行省移之捍高郵得勝湖。賊船七十餘柂，乘風而來，卽前擊之，焚其二十餘船，賊潰去。李二失援，遂降。其黨張士誠殺李二，復爲亂，戕參政趙璉，入據興化，而水陸襲高郵，屯兵東門。納速剌丁以舟師會諸軍討之。距三垛鎭，賊衆猝至，納速剌丁麾兵挫其鋒。後賊鼓譟而前，乃發火箭火鏃射之，死者蔽流而下。賊繚船於背，盡力來攻，而阿速衞軍及眞、滁萬戶府等官，見賊勢熾，皆遁走。納速剌丁顧必死，謂其三子寶童、海魯丁、西山驢曰：「汝輩可脫走。」寶童等不肯去，遂皆死之。省憲爲賻其家。事聞，贈納速剌丁淮西元帥府經歷。

校勘記

〔一〕河南行省遣齊往招降　按本卷趙璉傳，遣李齊招降者爲淮南江北行省。行省建置事，見本書卷四二順帝紀至正十二年閏三月乙酉條、卷九二百官志。道光本從類編改「河」爲「淮」。

〔二〕十八年寇陷上京　按本書卷四五順帝紀至正十八年十二月癸酉條有「關先生、破頭潘等陷上都」。此處「十八年」上當有「至正」二字。道光本從類編補。

〔三〕時大司農錢木爾以兵駐于諸葛菴爲賊所襲死之　按梧溪集卷一至正十一年大小死節臣詩第一首後序有十二月帖木兒「廛死南陽臥龍崗下」。此帖木兒與本書卷四二順帝紀至正十二年二月辛丑條褒贈者同名，當係一人。此處之「錢木爾」似卽王逢詩序與順帝紀中之帖木兒。新元史改「錢」爲「鐵」，疑是。

元史卷一百九十五

列傳第八十二

忠義三

伯顏不花的斤字蒼崖，畏吾兒氏，駙馬都尉、中書丞相、封高昌王雪雪的斤之孫，駙馬都尉、江浙行省丞相、封荆南王朶尔的斤之子也。倜儻好學，曉音律，初用父蔭，同知信州路事，又移建德路。會徽寇犯遂安，伯顏不花的斤將義兵平之，又擒淳安叛賊方清之，以功陞本路總管。

至正十六年，授衢州路達魯花赤。明年，行樞密院判官阿魯灰引兵經衢州，軍無紀律，所過輒大剽掠。伯顏不花的斤曰：「阿魯灰以官軍而爲民患，此國賊也，可縱之乎！」乃帥兵逐之出境，郡賴以寧。陞浙東都元帥，守禦衢州。頃之，擢江東道廉訪副使，階中大夫。

十八年二月，江西陳友諒遣賊黨王奉國等，號二十萬，寇信州。明年正月，伯顏不花的斤自衢引兵援焉。及至，遇奉國城東，力戰，破走之。時鎭南王子大聖奴、樞密院判官席閏等屯兵城中，聞伯顏不花的斤至，爭開門出迎，羅拜馬前。伯顏不花的斤登城四顧，誓以破賊自許。後數日，賊復來攻城，伯顏不花的斤大饗士卒，約曰：「今日破賊，不用命者斬！」〔一〕乃命大都閭將阿速諸軍及民義爲左翼，出南門；高義、范則忠將信陽一軍爲右翼，出北門；自與忽都不花將沿海諸軍爲中軍，出西門。部伍旣整，因奮擊入賊營，斬首數千級，賊亂，幾擒奉國。適賊將突至，我軍入其營者咸沒，其勢將殆，忽都不花復勒兵力戰，大破之。

二月，友諒弟友德營于城東，繞城植木栅，攻我益急。又遣僞萬戶周伯嘉來說降，高義潛與之通，紿忽都不花等，謂與奉國相見則兵釁可解。忽都不花信之，率則忠等十人往見，奉國囚之不遣。明日，奉國令高義以計來誘伯顏不花的斤，時伯顏不花的斤坐城上，見高義單騎來，伯顏不花的斤謂曰：「汝誘十帥，無一人還，今復來誘我耶？我頭可斷，足不可移！」乃數其罪，斬之。由是，日夜與賊鏖戰，糧竭矢盡，而氣不少衰。

夏四月，有大呼於城下者，曰：「有詔。」參謀海魯丁臨城問之曰：「何來？」曰：「江西來。」海魯丁曰：「如此，乃賊耳。吾元朝臣子，可受爾僞詔乎？」呼者曰：「我主聞信州久不下，知爾忠義，故來詔。爾徒守空城，欲何爲耶？」海魯丁曰：「汝聞張睢陽事乎？」僞使者不答而去。伯顏不花的斤笑曰：「賊欲我降爾。城存與存，城亡與亡，吾計之熟矣。」時軍民唯食草苗茶紙，既盡，括靴底煑食之，又盡，掘鼠羅雀，及殺老弱以食。

五月，大破賊兵。六月，奉國親來攻城，晝夜不息者踰旬。賊皆穴地百餘所，或魚貫梯城而上。伯顏不花的斤登城，麾兵拒之。已而士卒力疲，不能戰，萬戶顧馬兒以城叛，城遂陷。席閏出降，大聖奴、海魯丁皆死之，伯顏不花的斤力戰不勝，遂自刎。其部將蔡誠，盡殺妻子，及蔣廣奮力巷戰，誠遇害死，廣爲奉國所執，愛廣勇敢，使之降，廣曰：「我寧爲忠死，不爲降生。汝等草中一盜爾，吾豈屈汝乎！」賊怒，磔廣于竿，廣大罵而絕。

有陳受者，信小民也。伯顏不花的斤知受有膂力，募爲義兵。尋戰敗，爲賊擒，痛罵不屈，賊焚殺之。

先是，伯顏不花的斤之援信州也，嘗南望泣下，曰：「我爲天子司憲，視彼城之危急，忍坐視乎！吾知上報天子，下拯生民，餘皆無可恤。所念者，太夫人耳。」卽日入拜其母鮮于氏曰：「兒今不得事母矣。」母曰：「爾爲忠臣，吾卽死，復何憾！」鮮于氏，太常典簿樞之女也。伯顏不花的斤因命子也先不花，奉其母間道入福建，以江東廉訪司印送行御史臺，遂力守孤城而死。朝廷賜謚曰桓敏。

樊執敬字時中，濟寧鄆城人。性警敏好學，由國子生擢授經郎。嘗見帝師不拜，或訟之曰：「帝師，天子素崇重，王公大臣見必俯伏作禮，公獨不拜，何也？」執敬曰：「吾孔氏之徒，知尊孔氏而已，何拜異敎爲？」歷官至侍御史。至正七年，擢山南道廉訪使，俄移湖北道。十年，授江浙行省參知政事。

十二年二月，督海運于平江，卜日將發，官大宴犒于海口。俄有客船自外至，驗其券信令入，而不虞其爲海寇也。既入港，卽縱火鼓譟。時變起倉猝，軍民擾亂，賊竟焚舟刼糧以去。執敬既走入崑山，自咎於失防，心鬱鬱不解。及還省，而昱嶺關有警，平章政事月魯帖木兒引軍拒之，賊不得進。

月魯帖木兒俄以疾卒，賊遂犯餘杭。執敬時已被命討賊海上，至是事急，不得舍去，與平章政事定定治事省中，調兵出戰，皆不利。掾史蘇友龍素抗直有爲，進言於執敬曰：「賊且至，城內空虛無備，奈何？」執敬曰：「吾淬礪戈矛，當殲賊以報國，儻或不克，有死而已，何畏哉！」俄報賊已至，執敬遽上馬，帥衆而出，中塗與賊遇，乃射死賊四人，賊又逐之，射死三人。已而賊來方盛，塡咽街巷，且縱火，衆皆潰去。賊知其無援，呼執敬降，執敬怒叱之曰：「逆賊！守關吏不謹，汝得至此，恨不碎汝萬段，何謂降耶！」乃奮刀斫賊，因中槍而隤。從

僕田也先馳救之，亦中槍死。事聞，贈翰林學士承旨、榮祿大夫、柱國，追封魯國公，謚。〔三〕

全普庵撒里字子仁，高昌人。初爲中書省檢校，時太師汪家奴擅權用事，臺諫無敢言者，普庵撒里獨於衆中歷數其過，諤諤無懼色。拜監察御史，卽首劾汪家奴十罪，乃見黜。然而氣節益自振，不以摧衄遂阻，歷詆權貴，朝臣莫不畏慄。出爲廣東廉訪使，尋除兵部尚書。未幾，授贛州路達魯花赤。至郡，發擿奸惡，一郡肅然。

至正十一年，潁州盜起，卽修築城壘，旬月之間守禦之具畢備。於是發公帑，募勇士，得兵三千人，日練習之，皆可用。屬邑有爲賊所陷者，往往遣兵復之，境內悉安。十六年，以功拜江西行省參政，分省於贛。

十八年，江西下流諸郡皆爲陳友諒所據，乃與總管哈海赤戮力同守。友諒遣其將幸文才率兵圍贛，使人脅之降。普庵撒里斬其使，日擐甲登城拒之。力戰凡四月，兵少食盡，義兵萬戶馬合某沙欲舉城降賊，普庵撒里不從，遂自剄。事聞，朝廷贈謚曰＜闕＞。

哈海赤守贛尤有功，城陷之日，賊將脅之使降，哈海赤謂之曰：「與汝戰者我也，爾賊毋殺贛民，當速殺我耳。」遂見殺。

周鏜字以聲，瀏陽州人。篤學通春秋，登泰定四年進士第，授衡陽縣丞，再調大冶縣尹。縣有豪民，持官府短長，號爲難治，鏜狀若尫懦，而毅然有威不可犯，抑豪强，惠窮民，治行遂爲諸縣最。累遷國子助敎。會修功臣列傳，擢翰林國史編修官。乃出爲四川行省儒學提舉，便道還家。無何，盜起，湖南、北郡縣皆陷，瀏陽無城守。盜至，民皆驚竄。鏜告其兄弟使遠引，自謂「我受國恩，脫不幸，必死，毋爲相累也」。賊至，得鏜，欲推以爲主，鏜唯瞠目厲聲大駡，賊知其不可屈，乃殺之。

鏜同時有謝一魯字至道者，亦瀏陽人。至元乙亥鄉貢進士，嘗爲石林書院山長。賊陷潭州，一魯奉親匿巖谷中。官兵復郡邑，亡者稍歸，乃還理故業。俄而賊復至，生縛一魯。一魯駡賊甚厲，舉家咸遇害。

聶炳字韜夫，江夏人。元統元年進士，授承事郎、同知平昌州事。炳蚤孤，其母改適，自平昌還，始知之，卽迎其母以歸。久之，轉寶慶路推官。會峒猺寇邊，湖廣行省右丞禿赤統兵討之，屯于武岡，以炳攝分省理問官。悍卒所至掠民爲俘，炳言于禿赤，釋其無驗者數千人。

至正十二年，遷知荊門州，纔半歲，淮、漢賊起，荊門不守，炳出，募士兵，得衆七萬，復荆門。又與四川行省平章政事咬住復江陵，其功居多。既而蘄、黄、安陸之賊，其勢復振，賊將俞君正合兵來攻荆門，炳率孤軍晝夜血戰，援絕城陷爲賊所執。極口駡不絕，賊以刀抉其齒盡，乃斷左臂而支解之。

未幾，賊陷潛江縣，達魯花赤明安達爾率勇敢出擊，擒其僞將劉萬戶。進營蘆洑，賊衆奄至，出鬬死，其家殲焉。一子桂山海牙懷印綬去，得免。明安達爾，唐兀氏，字士元，炳同年進士，由宿州判官再轉爲潛江云。

劉耕孫字存吾，茶陵州人。至順元年進士，授承事郎、桂陽路臨武縣尹。臨武近蠻獠，耕孫至，召父老告之曰：「吾儒士也，今爲汝邑尹，爾父老當體吾教，訓其子弟，孝弟力田，暇則事詩、書，毋自棄以干吾政。」乃爲建學校，求民間俊秀教之，設俎豆習禮讓，三年文化大興。邑有茶課，歲不過五錠，後增至五十錠，耕孫言于朝，除其額。歷建德、徽州、瑞州三路推官，所至詳讞疑獄，其政績卓然者甚衆。

至正十二年春，蘄黄賊攻破湖南。耕孫傾家貲募義丁，以援茶陵，賊至輒却，故茶陵久不失守。十五年，轉儒林郎、寧國路推官。歲饑，勸富民發粟賑之，活者萬計。會長鎗瑣南班、程述、謝璽等攻寧國，耕孫分守城西南，日署府事，夜率兵乘城固守。江浙行省遣參知政事吉尼哥兒來援，至則兵已疲矣。城恃有援，不爲備。瑣南班知之，夜四鼓，引衆緣堞而上，城遂陷。耕孫力戰遇害。

弟燾孫，以國學生下第，授常寧州儒學正。湖南陷，常寧長吏棄城走，民奉印請燾孫爲城守，城賴以完者一年，外援俱絕，死之。長子碩，爲武昌江夏縣魯湖大使，起義兵援茶陵，亦死之。

俞述祖字紹芳，慶元象山人。由翰林書寫考滿，調廣東元帥府都事，入爲國史院編修官，已而出爲沔陽府推官。

至正十二年，蘄黃賊迫州境，述祖領民兵守綠水洪，幷力捍禦之。兵力不支，沔陽城陷，民兵悉潰。述祖爲賊所執，械至其僞主徐壽輝所，誘之使降，述祖罵不輟，壽輝怒，支解之。有子方五歲，亦死。事聞，贈奉訓大夫、禮部郎中、象山縣男。

桂完澤者，永嘉人。嘗從江西左丞李朶兒留京師，得爲平江路管軍鎭撫，爲仇家所訴，免官。會賊攻昱嶺關，行省遂假前官，令從征。完澤勇于討賊，凡再戰關下，皆勝。尋又與賊鬭，爲所執；其妻弟金德亦被擒，皆反縛于樹，臨以白刃，脅之降。金德意未決，完澤呼曰：「金舅，男子漢卽死，不可聽賊。」德曰：「此言最是。」因大罵。賊怒，剖二人之腹而死。

丑閭字時中，蒙古氏。登元統元年進士第。〔三〕累官京畿漕運副使，出知安陸府。至正十二年，蘄賊曾法興犯安陸，時丑閭募兵得數百人，帥以拒賊。敗賊前隊，乘勝追之。而賊自他門入，亟還兵，則城中火起，軍民潰亂，計不可遏乃歸，服朝服出坐公堂。賊脅以白刃，丑閭猶喩以逆順。一賊排丑閭下，使拜，不屈，且怒罵。賊酋不忍害，拘之。明日，又逼其從亂，丑閭疾叱曰：「吾守土臣，寧從汝賊乎！」賊怒，以刀斫丑閭左脅，斷而死。賊憤其不降，復以布囊囊其屍，舁置其家。丑閭妻侯氏出，大哭，且列酒肉滿前，渴者令飮酒，饑者令食肉，以給賊之不防己。至夜，自經死。事聞，贈丑閭河南行省參知政事，贈侯氏寧夏郡夫人。立表其門曰雙節。

有馮三者，湖廣省一公使也。素不知書。湖廣爲寇陷，皁隸輩悉起，剽殺爲盜，亦拉三以從。三辭曰：「賊名惡，我等豈可爲！」衆初强之，終弗從，怒將殺之，三遂唾罵，賊乃縛諸十字木，舁之以行，而封其肉，三益罵不止。抵江上，斷其喉，委去。其妻隨三號泣，俯拾封肉，納布裙中。伺賊遠，收三血骸，脫衣裹之，大泣，投江而死。

孛羅帖木兒字國賓，高昌人。由宿衞補官，十三轉而爲江東廉訪副使。以選爲襄陽路達魯花赤。

至正十一年，盜起汝、潁，均州鄖縣人田端子等亦聚衆殺官吏，孛羅帖木兒將民兵捕斬之。未幾，行省、廉訪司同檄孛羅帖木兒，以其所領兵會諸軍於均、房同討賊，賊始退。而穀城、光化以急告，卽帥兵趨穀城，而分遣樊城主簿脫因等趨光化，且遣使求糧於襄陽，不應；遣同知也先不花促之，又不應。軍乏食，不能行，乃駐于柴店。復遣從子馬哈失力往告，詞甚苦切。廉訪分司王僉事、本路總管柴順禮，怒其責望，械之。適紐眞來獻光化所獲首級，且言：「孛羅帖木兒在穀城與賊相持，未知存歿，宜急濟其糧，少緩，恐弗及矣。」於是脫二人械，遣還，而命也先不花與萬戶也先帖木耳率數千人，會孛羅帖木兒以討賊。

明年正月，襄陽失守，也先不花等聞之驚潰。孛羅帖木兒領義兵二百人，且戰且引至監利縣，遇沔陽府達魯花赤咬住、同知三山、安陸府同知燕只不花、荆襄提舉相哥失力之師。時濱江有船千餘，乃糾合諸義兵丁壯水工五千餘人，畀以軍號，給以刀矟，具哨馬五十，水陸繼進。比至石首縣，聞中興路亦陷，乃議趨岳州就元帥帖桀，而道阻不得前，仍趨襄陽。賊方駐楊湖港，乘其不虞擊之，獲其船二十七艘，生擒賊黨劉咬兒。訊得其情，進次潛江縣，又斬賊數百級，獲三十餘船，梟賊將劉萬戶、許堂主等。

是日，甫止兵未食而賊大至，與戰抵暮，咬住等軍各當一面，不能救。孛羅帖木兒被重創，麾馬哈失力使去，曰：「吾以死報國，汝無留此。」馬哈失力泣曰：「死生從叔父。」既而孛羅帖木兒被執，賊請同爲逆，孛羅帖木兒怒罵之，遂遇害。馬哈失力帥家奴求其尸，復與賊戰，俱沒于陣。擧家死者，凡二十六人。

彭庭堅字允誠，溫州瑞安人。擢至正四年進士第，授承事郎、同知沂州（爭）〔事〕，〔四〕毀牛皇神祠，驅鄰郡上馬賊，免民橫急徵斂，民甚便之。俄以平反獄囚忤上官意，遂棄去。十年，詔選守令，以建寧路崇安縣尹起庭堅于家。屬鉛山寇周良竊發，犯閩關，庭堅禦之有法，寇不入境。十一年，陞同知建寧路總管府事。江西寇熾，庭堅率民兵克復建陽，又進兵平浦城。

十二年，攝僉都元帥府事，與邵武路總管吳按攤不花夾攻邵武，庭堅設雲梯火礮，晝夜攻擊，寇遁，追斬渠兇董元帥、鐵和尙、童昌，邵武悉平。總兵官江浙參政章嘉上功于朝，陞同知福建道宣慰使司副都元帥，鎭邵武。冬，寇陷建寧縣。十三年，庭堅統建陽、崇安、浦城三縣民兵，次泰寧，寇懼請降，復建寧縣，還師邵武。江浙行省檄庭堅節制建寧、邵武二郡諸軍。

十四年，盜侵政和、松溪，江南行臺中丞吳鐸督軍建寧，檄庭堅至。時鎮撫萬戶岳煥隸麾下，煥素悍，縱卒爲暴，庭堅欲繩以法，煥懼，使部卒乘其不備，詐爲賊兵，突入交鋒，衆皆潰，庭堅獨留不去，遂遇害，死年四十三。故吏張椿，儒士夏志行、江晃，奉柩還崇安，民哀泣如喪父母，立祠像，歲時祭禱，數降靈響，旁邑立祠亦如之。南行臺監察御史余觀行部巡察，獲其賊斬之。爲上其事，贈中奉大夫、福建道宣慰使都元帥，封忠愍侯。

王伯顏字伯敬，濱州霑化人。由湖廣省宣使歷永州祁陽、湖州烏程縣尹，信州推官。至正九年，遷知福寧州，居三歲，陞福建鹽運副使，將行，憲府以時方俶擾，留伯顏仍領州事。

未幾，賊自邵武間道偪福寧，乃與監州阿撒都剌募壯兵五萬，分扼險阻。賊至楊梅嶺，立柵，伯顏與子相馳破之。賊帥王善，俄擁衆直壓州西門，胥隸皆解散，伯顏麾下唯白挺市兒數百人爾。伯顏射賊，不復反顧，賊以長鎗舂馬，馬仆，遂見執。善說伯顏曰：「聞公有惠政，此州那可無尹，公爲我尹，可乎？」伯顏訶善曰：「我天子命官，不幸失守，義當死，肯從汝反乎？」善怒，叱左右搤以跪，弗屈，遂毆之。伯顏嚼舌出血噀善面，罵曰：「反賊，殺卽殺，何以毆爲！吾民天民也，汝不可害。大丞相親討叛逆，百萬之師，雷擊電掃，汝輩小醜，將無遺種，顧敢爾邪！」賊亦執阿撒都剌至，善厲聲責其拒闘，噤不能對，伯顏復唾善曰：「我殺賊，何言拒邪！我死，當爲神以殺汝。」言訖，挺頸受刃，頸斷，涌白液如乳，暴屍數日，色不變，州人哭聲連巷。賊既殺阿撒都剌，欲釋相官之，相詈曰：「吾與汝不共戴天，恨不寸斬汝，我受汝官邪！」賊殺之。相妻潘氏，挈二女，爲賊所獲，亦罵賊，母子同死。

伯顏既死，賊時覩其引兵出入。明年，州有儈林德誠者，起兵討賊，乃望空噓曰：「王州尹，王州尹，宜率陰兵助我斬賊。」時賊正祠神，覩紅衣軍來，以爲僞帥康將軍，亟往迎之，無有也，四面皆靑衣官軍，賊大敗，斬其酋江二蠻，福寧遂平。

事聞，贈嘉議大夫、濟南路總管、上輕車都尉，追封太原郡侯。

劉濬字濟川，其先興州人。曾祖海，金進士第一人，仕至河南府尹，死于國難，子孫遂家河南。濬由廉訪司書吏，調連江縣寧善鄉巡檢。

至正十三年，江西賊帥王善寇閩，官軍守羅源縣拒之。羅源與連江接壤，勢將（追）〔迫〕。〔三〕濬妻眞定史氏，故相家女也，有才識，謂濬曰：「事急矣，可聚兵以捍一方。」於是盡出奩中物，募壯士百餘，命仲子健將之。浹旬間，衆至數萬。

賊尋破羅源，分兩道攻福州，濬拒之辰山，三戰三捷。俄聞福州陷，衆多潰去，濬獨帥健兵進，遇賊于中廡，突其陣，斬前鋒五人，賊兵大至，鏖戰三時頃，濬中箭墮馬，健下馬掖之，俱被獲。濬忿，戟手大罵，賊縛濬階下，先斫手一指，罵彌厲，再斫一指，亦如之，指且盡，斫兩腕，次及兩足，濬色不少變，罵聲猶不絕，遂割其喉舌而死。健亦以死拒賊，善義之，舍健，使斂濬屍瘞之。

健歸，請兵於帥府，以復父讎，弗聽，健盡散家貲，結死士百人，詐爲工商流丐，入賊中，夜半，發火大譟，賊驚擾，自相屠戮，健手斬殺其父者張破四，并擒善及寇首陳伯祥來獻，磔之。事聞，贈濬福建行省檢校官，授健古田縣尹。官爲濬立祠福州北門外，有司歲時致祭云。

朶里不花字端甫，蒙古人。始爲宿衞官，累歷顯要，擢遼陽行省右丞，陞平章政事。陳友諒陷江西，詔拜江西行省平章政事，與平章政事阿兒渾沙等，分道進討。遂泛海南下，趨廣東，駐師揭陽，降土寇金元祐，招復循、梅、惠三州之寇。承制官其酋長，俾治賊以給兵食。〔六〕又刖挶粟四千石，輸送京師。自是英、肇、欽、連諸郡皆附，且治兵由梅嶺以圖江西。而元祐有異志，託以鎭服其土，遮道固留。

先是，制書命劉巨海僉廣東元帥府事，未發，元祐竊取，易其名，私畀徭賊劉文遠，誘與

偕亂，事覺，文遠伏誅，而元祐及其弟元泰、子榮，竄匿不獲

俄榮率外賊突入，奪符信，殺官吏，變起倉卒，衆莫能支。朶里不花與參政楊泰元等，勒兵拒戰，而賊來益衆，朶里不花爲鎗所中，創甚。其子達蘭不花率麾下力與抗，死之。朶里不花遂被執，擁至太平橋，罵不絕口，遂爲賊殺。其妻卜顏氏、妾高麗氏在側，不去，皆大罵曰：「我平章遇爾父子厚矣，爾父子何暴逆至此！」亦皆遇害。其部將哈乞、吳普顏、阿剌不花、歹不花等，俱戰死。

野峻台，其父世延自有傳。由四川行省左右司郎中、西行臺監察御史、河西廉訪使轉黃州路總管。湖廣既陷，朝廷察其材，升四川行省參政，命與平章咬住討賊。咬住軍五千，及分銳卒八百，使野峻台爲前驅，賊方據巴東縣，攻拔之。是時，歸、峽等州皆爲賊所守，野峻台破賊江上，斬溺無算，已而歸、峽平。

又進拔枝江、松滋兩縣，乘勝趨江陵，賊出陣清水門，鏖戰至夕，賊退入城，乃據其門，竢咬住軍至。黎明，賊出戰，三時頃，咬住軍止百步外，不救，賊飛槍刺之，遂死。事聞，贈榮祿大夫、陝西行省平章政事、柱國，追封涼國公，諡忠壯。

陳君用字子材，延平人。少負氣，勇猛過人。紅巾起江淮，由撫、盱入閩，閩闔授君用南平縣尹，給錢五萬緡，俾募千兵，君用散家財繼之，導官軍復建陽、浦城等縣。以功授同知建寧路事。

亡何，賊圍福州，君用率兵往援，大敗賊衆，廉訪僉事郭興祖，佩君用明珠虎符，使權同知副都元帥。遂引兵踰北嶺，至連江，阻水而陣，君用曰：「今日不盡殺賊，吾不復生還矣。」乃率壯士六十人，徒涉斬殺，賊稍潰，既而復合，君用大呼轉戰，中槍而死。事聞，贈懷遠大將軍、浙東道宣慰司同知、副元帥、輕車都尉、潁川郡侯，謚忠毅。

卜理牙敦，北庭人，累官至山南廉訪使，治中興。中興爲江漢藩屏，卜理牙敦每按臨所部，威惠翕然。至正十二年，寇犯中興，卜理牙敦以兵與抗，射賊多死，賊稍退。明日，復擁衆來襲東門，卜理牙敦力與之戰，被執，不屈而死。

又明日，賊復來攻，前中興判官上都統兵出擊之，既而東門失守，上都倉黄反鬬，力屈，賊執之使降，上都大駡，賊怒，刳其腹、刲其肉而死。

潮海，扎剌台氏，由國子生入官，爲靖安縣達魯花赤。至正十二年，蘄黄賊起，潮海與縣尹黃紹同集義兵，爲禦賊計。未幾，賊兵數萬由武寧來寇，紹赴行省求援，潮海獨率衆與戰于象湖，大破之。乃起進士胡斗元、塗淵、舒慶遠、甘棠等謀畫，而以勇士黃雲爲前鋒，自二月至于八月，戰屢捷，擒賊將洪元帥，而賊黨益盛，黃雲戰死，我軍挫衄，潮海遂被圍，尋爲賊所執，殺于富州。

子民安圖，襲父職，爲本縣達魯花赤。十三年，帥衆敗走賊將，復縣治。十四年，賊兵復至，民安圖迎戰，力竭，賊執而咼之。

紹字仲先，臨川人。登至正八年進士第，以求援出靖安，而道阻絕，遇官軍，護紹得入龍興。而龍興亦被圍，其後圍解，紹乃與民安圖招諭叛境，過建昌之高坪，遇賊，紹與戰不勝，正衣冠怒罵，爲賊所害。

斗元字元浩，靖安人。至正十年，領江西鄉薦第一，下第，署鰲溪書院山長。賊至靖安，掠斗元鄉里，斗元以鄉兵擊敗之。入縣治，與潮海共圖戰守，及潮海被執，賊脅之使降，斗元罵不屈，乃以土埋其腰，不死，又縛置暗室，斗元仆牆以出，逃入深山，狂罵而死。

黃雲，撫州人，寓靖安，素以勇捷稱，每接戰，獨以身當敵。嘗爲數十人所圍，即奮身躍出。至是，身中數十鎗，噴血罵賊而死。

魏中立字伯時，濟南人。由國子伴讀歷官至陝西行臺御史中丞，遷守饒州。賊既陷湖廣，分攻州郡，官軍多疲懦不能拒，所在無賴子多乘間竊發，不旬日，衆輒數萬，皆短衣草屨，齒木爲杷，削竹爲槍，截緋帛爲巾襦，彌野皆赤。中立聞警，卽率丁壯，分塞險要，戒守備。俄而賊至，達魯花赤馬來出戰，不能發一矢，賊愈偪。中立以義兵擊卻之，已而賊復合，遂爲所執，以紅衣被其身，中立叱之，須髯盡張。賊執歸蘄水，欲屈其從己。中立大罵不已，遂被害。

未幾，賊又犯信州，信州總管于大本以土兵備禦。賊首項甲破東門而入，執大本，至蘄水爲俘獻。僞主釋其縛，畀僞印一紐，且命以官。大本投印于地，而指僞主痛詈之，遂亦遇害。大本字德中，密州人，始由儒學教諭入官云。

校勘記

〔一〕高義范則忠將信陽一軍爲右翼　按信陽屬河南汝寧府，而江浙信州自唐建置，向未改稱「信陽」。此處「信陽一軍」當指信州本地元軍，疑「陽」爲「州」之誤。

〔二〕諡　此下空闕。新元史補作「忠烈」。

〔三〕丑閭字時中蒙古氏登元統元年進士第　考異據元統元年進士錄云：「案是榜有兩丑閭。第二甲第十二名，字時中，貫昔寶赤身役，唐兀氏。第三甲第三名，字益謙，貫河南淮北蒙古軍戶，哈剌魯氏。此字時中者，乃唐兀氏，非蒙古氏。」

〔四〕同知沂州（爭）〔事〕　從道光本改。

〔五〕勢將（追）〔迫〕　從北監本改。

〔六〕俾治賊以給兵食　元書改「賊」爲「賦」，疑是。

元史卷一百九十六

列傳第八十三

忠義四

普顏不花字希古，蒙古氏。倜儻有大志。至正五年，由國子生登右牓進士第一人，授翰林修撰，調河南行省員外郎。十一年，遷江西行省左右司郎中。蘄黄徐壽輝來寇，普顏不花戰守之功爲多，語在道童傳。十六年，除江西廉訪副使。頃之，召還，授益都路達魯花赤，遷山東廉訪使，再轉爲中書參知政事。

十八年，詔與治書侍御史李國鳳同經略江南。至建寧，江西陳友諒遣鄧克明來寇，而平章政事阿魯溫沙等皆夜遁。國鳳時分鎮延平，城陷，遁去。普顏不花曰：「我承制來此，去將何之。誓與此城同存亡耳。」命築各門甕城，前後拒戰六十四日，既而大敗賊衆。

明年，召還，授山東宣慰使，再轉知樞密院事、平章山東行省，守禦益都。大明兵壓境，普顏不花捍城力戰。城陷，而平章政事保保出降。普顏不花還告其母曰：「兒忠孝不能兩全，有二弟，當爲終養。」拜母，趨官舍，坐堂上，主將素聞其賢，召之再三，不往。旣而面縛之，普顏不花曰：「我元朝進士，官至極品，臣各爲其主。」不屈，死之。

先是，其妻阿魯眞，歷呼家人告之曰：「我夫受國恩，我亦封齊國夫人，今事至此，唯有死耳。」家人莫不歎息泣下。已而普顏不花二弟之妻，各抱幼子，及婢妾，溺舍南井死。比阿魯眞欲下，而井塡咽不可容，遂抱子投舍北井。其女及妾女、孫女，皆隨溺焉。

是時有申榮者，平章山東行省，守東昌，榮見列郡皆降，告其父曰：「人生世間，不能全忠孝者，兒也。」父曰：「何爲？」榮曰：「城中兵少不敵，戰則萬人之命由兒而廢，但有一死報國耳。」遂自經。

閔本字宗先，河內人。性剛正敏給，而刻志於學。早歲，得推擇爲禮部令史，御史大夫不花奇本之才，辟以爲掾，平反寃獄，甚有聲。擢御史臺照磨。頃之，遷樞密院都事，拜監察御史，遷中書左司都事，五轉爲吏部尙書，移刑、戶二部，皆以能見稱。本素貧，且有目疾，嘗上章乞謝事，不允，詔授集賢侍講學士。

大明兵薄京師，本謂其妻程氏曰：「國事至此，吾知之久矣。愧不能立功補報，敢愛六尺軀苟活哉！」程氏曰：「君能死忠，我尙有愛於君乎！」本乃朝服，與程氏北向再拜，大書于屋壁曰：「元中奉大夫、集賢侍講學士閔本死。」遂各縊焉。二女：長眞眞，次女女，見本死，呼天號泣，亦自縊於其傍。

有拜住者，康里人也，字聞善。以材累官至翰林國史院都事，爲太子司經。兵至，拜住謂家人曰：「吾始祖海藍伯封河東公者，〔一〕與太祖同事王可汗，太祖取王可汗，收諸部落，吾祖引數十騎馳西北方，太祖使人追問之，曰：『昔者與皇帝同事王可汗，王可汗今已滅，欲爲之報仇，則帝乃天命；欲改事帝，則吾心有所不忍，故避之於遠地，以沒吾生耳。』此吾祖之言也。且吾祖生朔漠，其言尙如此，今吾生長中原，讀書國學，而可不知大義乎！況吾上世受國厚恩，至吾又食祿，今其國破，尙忍見之！與其苟生，不如死。」遂赴井死。其家人瘞之舍東，悉以其書籍焚之爲殉云。

趙弘毅字仁卿，眞定晉州人。少好學，家貧無書，傭於巨室，晝則爲役，夜則借書讀之，或閔其志，但使總其事而不役焉。嘗受經於臨川吳澄，始辟翰林書寫，再轉爲國史院編修官，調大樂署令。大明兵入京城，弘毅嘆息曰：「忠臣不二君，烈女不二夫，此古語也。我今力不能救社稷，但有一死報國耳。」乃與妻解氏，皆自縊。

其子恭，中書管勾，與妻子訣曰：「今乘輿北奔，我父子食祿，不能效尺寸力，吾父母已死，尚何敢愛死乎！」或止之曰：「我曹官卑，何自苦如此。」恭叱曰：「爾非我徒也。古者，忠義人各盡自心，豈問職之崇卑乎！」遂公服北向再拜，亦縊死。

恭女官奴，年十七，見恭死，方大泣，適隣嫗數輩來，相率出避，曰：「我未適人，避將何之。」不聽，嫗欲力挽之，女曰：「人生在世，便百歲亦須一死。」乃潛入中堂，解衣帶自經。

鄭玉字子美，徽州歙縣人。幼敏悟嗜學，既長，覃思六經，尤邃於春秋，絕意仕進，而勤於敎。學者門人受業者衆，所居至不能容。學者相與即其地搆師山書院以處焉。玉爲文章，不事雕刻鍜煉，流傳京師，揭傒斯、歐陽玄咸加稱賞。至正十四年，朝廷除玉翰林待制、奉議大夫，遣使者賜以御酒名幣，浮海徵之。玉辭疾不起，而爲表以進曰：「名爵者，祖宗之所以遺陛下，使與天下賢者共之者，陛下不得私予人。待制之職，臣非其才，不敢受。酒與幣，天下所以奉陛下，陛下得以私與人，酒與幣，臣不敢辭也。」玉既不仕，則家居，日以著書爲事，所著有周易纂註。

十七年，大明兵入徽州，守將將要致之，玉曰：「吾豈事二姓者耶！」因被拘囚。久之，親戚朋友攜具餉之，則從容爲之盡歡，且告以必死狀。其妻聞之，使語之曰：「君苟死，吾其相從地下矣。」玉使謂之曰：「若果從吾死，吾其無憾矣。」明日，具衣冠，北向再拜，自縊而死。

黃冔字殷士，撫州金谿人。博學明經，善屬文，尤長於詩。至正十七年，用左丞相太平奏，授淮南行省照磨，未行，除國子助教，遷太常博士，轉國子博士，陞監丞，擢翰林待制，兼國史院編修官。

二十八年，京城既破，冔歎曰：「我以儒致身，累蒙國恩，爲冑子師，代言禁林。今縱無我戮，何面目見天下士乎！」遂赴井而死，年六十一。有詩文傳于世。

柏帖穆爾字君壽，蒙古人。家世歷履無所考。居官所至，以廉能著聲。至正中，累遷爲福建行省左右司郎中。行省治福州。二十七年，大明以騎兵出杉關，取邵武，以舟師由海道趣閩，奄至城下。柏帖穆爾知城不可守，引妻妾坐樓上，慷慨謂曰：「丈夫死國，婦人死夫，義也。今城且陷，吾必死於是，若等能吾從乎？」皆泣曰：「有死而已，無他志也。」縊而死者六人。

有十歲女，度其不能自死，則紿之曰：「汝稽顙拜佛，庶保我無恙也。」甫拜，卽挈米囊壓之死。乳媼抱其幼子，旁立以泣，柏帖穆爾熟視之，歎曰：「父死國，母死夫，妾與女，從父者也，皆當死。汝三歲兒，於義何所從乎？爲宗祀計可也。」乃命媼抱匿旁近民舍，而斂金珠畀之曰：「卽有緩急，可以此贖兒命。」有頃，兵入城，卽舉燈自燃，四圍窻火大發，遂自焚死。

迭里彌實字子初，回回人。性剛介，事母至孝。年四十，猶不仕，或問之，曰：「吾不忍舍吾母以去也。」以宿衞年勞，授行宣政院崇教，三遷爲漳州路達魯花赤，居三年，民甚安之。

時陳有定據全閩，八郡之政，皆用其私人以總制之。朝廷命官，不得有所與。大明兵旣取福州，興化、泉州皆納款。或以告，迭里彌實仰天歎曰：「吾不材，位三品，國恩厚矣，其何以報乎！報國恩者，有死而已。」亡何，吏走白招諭使者至，請出城迓之，迭里彌實從容語之曰：「爾第往，吾行出矣。」乃詣廳事，具公服，北面再拜畢，引斧斫其印文，又大書手版曰「大元臣子」。卽入位端坐，拔所佩刀，剸喉中以死。旣死，猶手執刀按膝坐，儼然如生時。郡民相聚哭庭中，斂其屍，葬東門外。

時又有獲獨步丁者，回回人，舊進士，累官僉廣東廉訪司事；有呂復者，爲江西行省左右司都事。皆閑居，寓福州。而復以行省命，攝長樂縣尹。福州旣下，獲獨步丁曰：「吾兄弟三人，皆忝進士，受國恩四十年，今雖無官守，然大節所在，其可辱乎！」以石自繫其腰，投井死。復亦曰：「吾世食君祿，今雖攝官，若不以死報國，則無以見先人于地下。」引繩自經死。獲獨步丁兄曰穆魯丁者，官建康；曰海魯丁者，官信州。先是，亦皆死國難云。

朴賽因不花字德中，肅良合台人。有膂力，善騎射。由速古兒赤授利器庫提點，再轉爲資正院判官，累遷同知樞密院事，遷翰林學士，尋陞承旨，賜虎符，兼巡軍合浦全羅等處軍民萬戶都元帥，除大司農，出爲嶺北行省右丞，陞平章政事。

至正二十四年，甘肅行省以孛羅帖木兒矯弒皇后、皇孫，遣人白事，平章政事也速答兒卽欲署諭衆榜，朴賽因不花持不可曰：「此大事，何得輕信，況非符驗公文。」卒不署牓。旣而果妄傳。會皇太子撫軍冀寧，承制拜朴賽因不花翰林學士承旨，遷集賢大學士，又爲宣政院使，遂拜中書平章政事。大明兵逼京師，詔朴賽因不花以兵守順承門，其所領兵僅數百羸卒而已。乃嘆息謂左右曰：「國事至此，吾但知與此門同存亡也。」城陷被執，以見主將，唯請速死，不少屈。主將命留營中，終不屈，殺之。

是時有張庸者，字存中，溫州人。性豪爽，精太乙數，會世亂，以策干經略使李國鳳，承制授庸福建行省員外郎，治兵杉關。頃之，計事赴京師，因進太乙數圖，順帝喜之，擢祕書少監。皇太子立大撫軍院，命庸團結房山，遷同僉將作院事，又除刑部尚書，仍領團結。會諸寨既降，庸守駱駝谷，遣從事段禎請援於擴廓帖木兒，不報。庸獨堅守拒戰，衆將潰，庸無去志。已而寨民李世傑執庸出降，以見主將，庸不屈，與禎同被殺。

丁好禮字敬可，眞定蠡州人。精律算，初試吏於戶部，辟中書掾，授戶部主事，擢江南行臺監察御史，復入戶部爲員外郞，拜監察御史，又入戶部爲郞中，陞侍郞。除京畿漕運使，建議置司於通州，重講究漕運利病，著爲成法，人皆便之。除戶部尚書，時國家多故，財用空乏，好禮能撙節浮費，國家用度，賴之以給。拜參議中書省事，遷治書侍御史，出爲遼陽行省左丞，未行，留爲樞密副使。

至正二十年，遂拜中書參知政事。時京師大饑，天壽節，廟堂欲用故事大讌會，好禮言：「今民父子有相食者，君臣當修省，以弭大患，讌會宜減常度。」不聽，乞謝事，乃以集賢大學士致仕，給全俸家居。擴廓帖木兒扈從皇太子還京，輸山東粟以遺朝貴，饋好禮麥百石，好禮不受。

二十七年，復起爲中書平章政事，尋以論議不合，謝政去，特封趙國公。大明兵入京城，或勉其謁大將，好禮叱之曰：「我以小吏，致位極品，爵上公，今老矣，恨無以報國，所欠惟一死耳。」後數日，大將召好禮，不肯行，舁至齊化門，抗辭不屈而死，年七十五。

是日，中書參知政事郭庸亦舁至齊化門，衆叱之拜，庸曰：「臣各爲其主，死自吾分，何拜之有！」語不少屈而死。

庸字允中，蒙古氏，由國學生釋褐出身，累遷爲陝西行臺監察御史，與同列劾知樞密院事也先帖木兒喪師，左遷中興總管府判官。其後也先帖木兒以罪黜，召拜監察御史，累轉參政中書，其節義與好禮並云。

校勘記

〔一〕河東公　松雪齋集卷七不忽木碑作「河東郡公」，類編據補「郡」字，疑是。

元史卷一百九十七

列傳第八十四

孝友一

世言先王沒，民無善俗。元有天下，其教化未必古若也，而民以孝義聞者，蓋不乏焉。豈非天理民彝之存於人心者，終不可泯歟。上之人，苟能因其所不泯者，復加勸奬而興起之，則三代之治，亦可以漸復矣。

今觀史氏之所載，其事親篤孝者，則有臨江劉良臣，汴梁陳善，同官强安，潘州高守質，安豐高澤，鞏昌王欽，修武員思忠，榆縣王士寧，河南朱友諒，泉州葉森，寧陵呂德，汲縣劉淇，建昌鄭佛生，堂邑張復亨，保定邢政，寧夏趙那海，臨潼任居敬，隴西周慶、徐德興，汝寧李從善，華州要敬，色目氏沙的。

其居喪廬墓者，則有太原王構，萊州任梓，平灤王振，北京張洪範，登封王佐，下蔡許從政、張鐩，富平王賈僧，鄭州段好仁、趙璧、薛明善、張齊，汴梁韓榮、劉斌、張裕、何泰、史恪、高成、鄧孝祖、李文淵、杜天麟、張顯祖，涇陽張國祥，延安王旻，東昌張翬，永平梁訥，高唐鄭榮、劉居敬，同州趙良，南陽周郁、陳介、劉權，大同高著、江郁、毛翔，歸德葛祥、張德成、張遜、王珪、劉弼，汲縣徐昌祖，眞定宋貞、王世賢，晉寧史貴，保定耿德溫、張行一、賈秉實、張勖、河南王宗道、孫裔、夾谷天祐，趙州趙德隆，安豐王德新、石思讓、翼寧、何溥，大都王麟、李簡，華陰李寧、屈秀，懷慶侯榮、丁用、郭天一，耀州王思，中牟閻讓，曹州鄧淵、呂政，徐州胡居仁、張允中，衞輝王慶，福建朱虞龍，隨州高可壽，濟寧魏鐸，武康王子中，淮安翟謖，汶上趙恒，須城許時中，衡山歐陽誠復，江陵穆堅，薊州王欽，定陶元顯祖，絳州姚好智，宿州孫克忠，集慶傅霖，濟南宋懷忠、牟克孝，汝寧張郁，泉州黃道賢、谷城、王福，解州靖與曾，般陽戴貞，兗州王治，沔陽徐勝祖，興中石抹昌齡，峽州秦桂華，蒙古、色目氏納魯丁、赤思馬、改住、阿合馬、拜住、木八剌、玉龍帖木兒、鎖住、唐兀歹、晏只哥、李朶羅歹、塔塔思歹。〔一〕

其累世同居者，則有休寧朱震雷，池州方時發，河南李福，眞定杜良，華州王顯政，建寧王貴甫，句容王榮、周成，鄢陵夏全，保定成珪，開平溫義，大同王瑞之，平江湯文英，鄜州員從政，江州范士奇，涇州李子才，宿州王珍。

其散財周急者，則有河南高顏和，台州程遠大，潭州湯居恭、李孔英，建康湯大有，吉州劉如翁、嚴用父，高唐孟恭，松江管仲德、章夢賢、夏椿，江陵陳一寧，中興傅文鼎，永州唐必榮，濟南李恭，寧夏何惠月。

天子皆嘗表其門閭，或復其家。故援唐史之例，具列姓名於篇端。擇其事蹟尤彰著者，復別爲之傳云。

王閏，東平須城人。父素多資，既老，盡廢之，不甘淡薄，每食必需魚肉，閏朝夕勤苦入市，營奉無闕。父性復乖戾，閏左右承順，甚得其歡心，鄉里稱焉。父嘗卧疾，夜燃長明燈室中，火延籬壁間。閏聞火聲，驚起馳救，火已熾，煙焰蔽寢戶。閏突入火中，解衣蒙父，抱而出，肌體灼爛，而父無少傷。一女不能救，遂焚死。中統二年，復其役。

郭道卿，興化莆田人。四世祖義重至孝，宋紹興間有詔旌之，鄉里爲立孝子祠。至元初內附。閩盜起，居人竄匿，道卿與弟佐卿獨守孝子祠不忍去，遂俱被執。盜將殺佐卿，道卿泣告曰：「吾有兒已長，弟弱子幼，請代弟死。」佐卿亦泣告曰：「吾家事賴兄以理，請殺我。」道卿固引頸請刃。盜相顧曰：「汝孝門兄弟若此，吾何忍害。」兩釋之。

道卿年八十，子廷煒爲建寧路平準行用庫使，辭歸侍養。道卿嘗病疝，危甚，廷煒憂瘁扶護，一夕髮盡白。有司言狀，旌之。

蕭道壽，京兆興平人。家貧，鬻箧以自給。母年八十餘，道壽事養盡禮。每旦，候母起，夫婦親侍盥櫛。日三飯，必待母食，然後退就食。至夕，必待母寢，然後退就寢。出外必以告，母許乃敢出。母或怒，欲罰之，道壽自進杖，伏地以受。杖足，母命起，乃起。起復再拜，謝違教，拱立左右，俟色喜乃退。母嘗有疾，醫累歲不能療，道壽刲股肉啖之而愈。至元八年，賜羊酒，表其門。

郭狗狗，平陽翼城人。父寧，爲欽察先鋒使首領官，戍大良平。宋將史太尉來攻，夜陷大良平，寧全家被俘。史將殺寧，狗狗年五歲，告史曰：「勿殺我父，當殺我。」史驚問寧曰：「是兒幾歲耶？」寧曰：「五歲。」史曰：「五歲兒能爲是言，吾當全汝家。」卽以騎送寧等往合州。道遇國兵，騎驚散，寧家俱得還。御史以事聞，命旌之。

張閏，延安延長縣人，隸軍籍。八世不異爨，家人百餘口，無間言。日使諸女諸婦各聚一室爲女功，工畢，斂貯一庫，室無私藏。幼稚啼泣，諸母見者卽抱哺。一婦歸寧，留其子，衆婦共乳，不問孰爲己兒，兒亦不知孰爲己母也。閏兄顯卒，卽以家事付姪聚，聚辭曰：「叔，父行也，叔宜主之。」閏曰：「姪，宗子也，姪宜主之。」相讓旣久，卒以付聚。縉紳之家，自謂不如。至元二十八年，旌表其門。

又有蕪湖芮世通，十世同居；峽州向存義、汴梁丁煦，八世同居。州縣請於朝，並加旌美。

田改住，汶上人。父病不能愈，禱于天，去衣臥冰上一月。

同縣王住兒，母病，臥冰上半月。

甯猪狗，山丹州人。母年七十餘，患風疾，藥餌不效，猪狗割股肉進啖，遂愈。歲餘復作，不能行，猪狗手滌溷穢，護視甚周，造板輿載母，夫婦共舁，行園田以娛之。後卒，居喪有禮，鄉閭稱焉。

潭州萬戶移剌瓊子李家奴，九歲，母病，醫言不可治，李家奴刲股肉，齎糜以進，病乃痊。撫州路總管管如林、渾州民朱天祥，並以母疾刲股，旌其家。

畢也速答立，迷裏氏，家秦州。父喪，廬墓次，晝夜悲號，有飛鳥翔集，墳土踊起。

又有尹夢龍，中興人。母喪，負土爲墳，結廬居其側。手書孝經千餘卷，散鄉人讀之。有羣烏集其冢樹。

樊淵，建康句容人。幼失父，事母篤孝。至元十二年，奉母避兵茅山。兵至，欲殺其母。淵抱母號哭，以身代死，兵兩釋之。三十年，江東廉訪使者辟爲吏。母亡，奔喪，哀感行路。服闋，奉神主事之，起居飲食，十年如平生。臺憲交薦，淵不忍去墳墓，終不起。

延祐間，汀州寧化人賴祿孫，母病，值蔡五九作亂，負母從邑人避南山。盜至，衆散走，祿孫守母不去。盜將刃其母，祿孫以身翼蔽曰：「勿傷吾母，寧殺我。」母渴，不得水，祿孫含唾呴之。盜相顧駭歎，不忍害，反取水與之。有掠其妻去者，衆責之曰：「奈何辱孝子婦！」使歸之。事聞，並賜褒表。

劉德泉，汴梁杞縣人。早喪母，父榮再娶王氏，生二子居敬、居元，俱幼，德泉甚撫之。及王氏病卒，乃益相友愛。至元末，歲饑，父欲使析居，德泉泣止不能得，乃各受其業以去。

久之，父卒，兄弟相約同爨，和好如初。

至治三年，眞定朱顯，自至元間，其祖父已分財。至顯，念姪彥昉等年幼無恃，謂弟耀曰：「父子兄弟，本同一氣，可異處乎！」乃會拜祖墓下，取分券焚之，復與同居。

延祐間，蔚州吳思達兄弟六人，嘗以父命析居。思達爲開平縣主簿，父卒，還家。治葬畢，會宗族，泣告其母曰：「吾兄弟別處十餘年矣，今多破產，以一母所生，忍使兄弟苦樂不均耶！」卽以家財代償其逋，更復共居。母卒，哀毁甚。宅後柳連理，人以爲友義所感。

又有朱汝諧，濮州人。父子明嘗命與兄汝弼別產。子明卒，汝弼家盡廢，汝諧泣請共居。仲父子昭、子玉貧病，汝諧迎至家，奉湯藥甘旨甚謹，後卒，喪葬盡禮。鄉人賢之。州縣各以名聞，表其閭。

郭回，邵武人。素貧，年六十無妻，奉母寄宿神祠中，營養甚艱。母年九十八卒，回傭身得錢葬之。每旦，詣墳哭祭，十四年不輟。州上狀，命給衣糧贍濟，仍表異之。

孔全，亳州鹿邑人。父成病，刲股肉啖之，愈。後卒，居喪盡哀。廬墓左，負土爲墳，日六十肩，風雨有虧，俟霽則補之。三年，起墳廣一畝，高三丈餘。

張子夔，安西人。父喪，每夜半，以背負土，肘膝行地，匍匐至葬所，篩細土爲墳。

陳乞兒，歸德夏邑人。年九歲，母喪，哀毁，親負土爲墳，高一丈，廣十六步。人憫其幼，欲助之，則泣拜而辭。

又有(娥)〔峨〕眉趙國安、〔三〕解州張琛、南陽李庭瑞、息州移剌伯顔、南陽怯烈歹，皆居喪有至行，廬墓次，負土爲墳。並以有司所請，表異之。

楊一，懷孟人。至元間，憐其叔淸家貧，密以分契詣神祠焚之，與淸同居者三十年，無間言。

張本，東昌茌平人。篤孝，事伯父、叔父皆甚謹。伯父嘗病，本晝夜不去側。復載以巾車，步挽詣岱嶽禱之。

張慶，眞定人。善事繼母。伯父泰異居河南，慶聞其貧，迎歸養之。供饍豐備，過於所生。

元善，大名人。父有昆弟五人，因貧流散江淮。久之，遂客死。至大四年，善往尋其骸骨，幷迎弟姪等一十五喪而歸，改葬祖父母，以諸喪序列祔於塋次。州縣以聞，並旌其家。

趙鯱，唐州人。父福遷鄭之管城。其先，三世同爨。鯱官福州司獄，滿歸，以母老不復仕。一日，會諸弟，泣申遺訓，願世世無異處，且祝天歃血以盟。自是大小百口，略無間言，同力合作，家道以殷。鯱長兄瑞早世，嫂劉氏守志，鯱率家人事之甚恭。次兄選繼歿，嫂王氏，鯱母以其少，許歸改嫁，王氏曰：「婦無再嫁之義，願終事姑。」鯱妹贅王佑，佑亡，妹念佑母無子，乞歸朱氏養之。人謂孝友節義，萃鯱一家。元貞初，旌之。

胡光遠，太平人。母喪廬墓。一夕，夢母欲食魚，晨起號天，將求魚以祭，見生魚五尾列墓前，俱有嚙痕。隣里驚異，方共聚觀，有獺出草中，浮水去。衆知是獺所獻。以狀聞于官，表其閭。

至順間，永平龐遵，母病腫，三年不能起。忽思食魚，遵求于市不得。歸途歎恨，忽有鯉躍入其舟。作羹以獻，母悅，病瘥。

陳韶孫，廣州番禺人。父劉以罪流肇州。韶孫年十歲，不忍父遠謫，朝夕號泣願從。父不能奪，遂與俱往。跋涉萬里，不憚勞苦，道過遼陽，平章塔出見而憫焉，語之曰：「天子寬仁，罰不及嗣。邊地苦寒，非汝所堪。吾返汝故鄉，汝願之乎？」韶孫曰：「既不能以身代父，當死生以之，歸非所願也。」塔出驚異，以錢賞之。大德六年，瀏死，韶孫哀慟，見者皆爲之泣下。肇州萬戶府以聞，命遣還鄉里，仍旌異之。

李忠，晉寧人。幼孤，事母至孝。大德七年，地大震，郇保山移，所過居民廬舍，皆摧壓傾圮。將近忠家，分爲二，行五十餘步復合，忠家獨完。

吳國寶，雷州人。性孝友，父喪廬墓。大德八年，境內蝗害稼，惟國寶田無損。人皆以爲孝感所致云。

李茂，大名人，徙家揚州。父興壽臨卒，語茂曰：「吾病且死，爾善事母。」茂泣受命，奉母孟氏益謹。母嘗病目失明，茂禱于泰安山，三年復明。又願母壽，每夕祝天，乞損己年益母。孟氏竟年八十四而歿，居喪哀慟，聞者傷之。大德九年，揚州再火，延燒千餘家，火及茂廬，皆風返而滅。事聞，旌之。

羊仁，廬州廬江人。至元初，阿朮兵南下，仁家爲所掠，父被殺，母及兄弟皆散去。仁年七歲，賣爲汴人李子安家奴，力作二十餘年，子安憐之，縱爲良。仁踪蹟得母於潁州蒙古軍塔海家，兄於睢州蒙古軍岳納家，弟於邯鄲連大家，皆爲役，尙無恙。乃徧懇親故，貸得鈔百錠，歷詣諸家求贖之。經營百計，更六年，乃得遂。大小二十餘口，復聚居爲良，孝友甚篤，鄉里美之。大德十二年，旌其家。

又有黃覺經，建昌人。五歲，因亂失母。稍長，誓天誦佛書，願求母所在。乃渡江涉淮，行乞而往，衝冒風雨，備歷艱苦，至汝州梁縣春店，得其母以歸。

章卿孫，蜀人，本劉氏。幼爲章提刑養子，與母富氏相失三十八年，遍訪於江西諸郡，迎歸養之。

兪全，杭州人。幼被掠賣爲劉餁家奴。後獲爲良，自汴步歸杭，尋其母及姊，得之，事母以孝聞。

李鵬飛，池州人。生母姚氏，爲嫡母不容，改嫁爲朱氏妻。鵬飛幼，不知也。年十九，思慕哀痛，誓學醫以濟人，願早見母。行求三歲，至蘄州羅田縣得焉。時朱氏家方疫，鵬飛起之，遂迎還奉養。久之，復歸朱氏，時渡江省覲。旣卒，歲時攜子孫往祭墓，終其身。

並以有司所請，旌其閭。

趙一德，龍興新建人。至元十二年，國兵南伐，被俘至燕，爲鄭留守家奴。歷事三世，號忠幹。至大元年，一日，拜請於其主鄭阿思蘭及其母澤國太夫人曰：「一德自去父母，得全生依門下者，三十餘年矣，故鄉萬里，未獲歸省，雖思慕刻骨，未嘗敢言。今父母已老，脫有不幸，則永爲天地間罪人矣。」因伏地涕泣，不能起。阿思蘭母子皆感動，許之歸，期一歲而返。

一德至家，父兄已沒，惟母在，年八十餘。一德卜地葬二柩畢，欲少留事母，懼得罪，如期還燕。阿思蘭母子嘆曰：「彼賤隸，乃能是，吾可不成其孝乎！」卽裂券縱爲良。一德將辭歸，會阿思蘭以寃被誅，詔簿錄其家。羣奴各亡去，一德獨奮曰：「主家有禍，吾忍同路人耶！」卽留不去，與張錦童詣中書，訴枉狀，得昭雪，還其所籍。太夫人勞一德曰：「當吏籍吾家時，親戚不相顧，汝獨冒險以白吾枉，疾風勁草，於汝見之。令吾家業旣喪而復存者，皆汝力也，吾何以報汝？」因分美田廬遺之。一德謝曰：「一德雖鄙人，非有利於是也。重哀吾主無罪而受戮，故留以報主。今老母八十餘，得歸侍養，主之賜已厚矣，何以田廬爲！」遂不受而去。皇慶元年，旌其門。

王思聰，延安安塞人。素力田，農隙則教諸生，得束脩以養親。母喪，盡哀。父繼娶楊氏，事之如所生。以家多幼稚，侵父食，別築室曰養老堂奉之，朝夕定省，愈久不怠。父嘗病劇，思聰憂甚，拜祈于天，額膝皆成瘡，得神泉飲之，愈。後復失明，思聰舐之，即能視。縣上狀，命表異之。

徹徹，〔担〕〔捏〕古思氏。〔三〕幼喪父，事母篤孝。稍壯，母歿，慟哭頓絕，水漿不入口者三日。既葬，居喪有禮，每節序祭祀，哭泣常如袒括時。年四十餘，思慕猶如孩童。每見人父母，則嗚咽流涕。人問其故，曰：「人皆有父母，我獨無，是以泣耳。」至大三年，褒異。

王初應，漳州長泰人。至大四年二月，從父義士樵劉嶺山，有虎出叢棘中，搏義士，傷右肩，初應赴救，抽鎌刀刺虎鼻殺之，義士得生。泰定二年，同縣施合德，父眞祐嘗出耘，爲虎扼于田，合德與從弟發仔，持斧前殺虎，父得生。並旌其門。

鄭文嗣，婺州浦江人。其家十世同居，凡二百四十餘年，一錢尺帛無敢私。至大間表其門。

文嗣歿，從弟大和繼主家事，益嚴而有恩，家庭中凜如公府，子弟稍有過，頒白者猶鞭之。每遇歲時，大和坐堂上，羣從子皆盛衣冠，雁行立左序下，以次進。拜跪奉觴上壽畢，皆肅容拱手，自右趨出，足武相銜，無敢參差者。見者嗟慕，謂有三代遺風。狀聞，復其家。部使者余闕爲書「東浙第一家」以褒之。

大和方正，不奉浮屠、老子敎，冠昏喪葬，必稽朱熹家禮而行執。親喪，哀甚，三年不御酒肉，子孫從化，皆孝謹。雖嘗仕宦，不敢一毫有違家法。諸婦唯事女工，不使預家政。宗族里閭，皆懷之以恩。家畜兩馬，一出，則一爲之不食，人以爲孝義所感。有家範三卷，傳于世。

王薦，福寧人。性孝而好義。父嘗疾甚，薦夜禱於天，願減己年益父壽。父絕而復甦，告其友曰：「適有神人，黃衣紅帕首，恍惚語我曰：汝子孝，上帝命錫汝十二齡。」疾遂愈，後果十二年而卒。母沈氏病渴，語薦曰：「得瓜以啖我，渴可止。」時冬月，求於鄉不得，行至深奧嶺，值大雪，薦避雪樹下，思母病，仰天而哭。忽見巖石間靑蔓離披，有二瓜焉，因摘歸奉母。母食之，渴頓止。

兄孟諭早世，嫂林氏更適劉仲山。仲山嘗以田鬻於薦，及死，不能葬，且無子，族以其貧，莫肯爲之後。薦卽以田還之，使置後，且治葬焉。州禁民死不葬者，時民貧未葬者衆，畏令，悉焚柩，棄骨野中。薦哀之，以地爲義阡收瘞之。有死不能斂者，復買棺以贈，人皆感焉。至大四年，其鄉旱，民艱糴，薦盡出儲粟賑之。有施福等十一家，饑欲死，薦聞，惻然欲濟之，家粟已竭，卽以己田易穀百石分給之。福等德其活己，每月朔，會佛祠爲祈福。福建宣慰司上狀旌之。

郭全，遼陽人。幼喪母，哀戚如成人。及壯，父庭玉又卒，居廬三載，啜粥面墨。事繼母唐古氏甚孝，唐古氏生四子，皆幼，全躬耕以養。旣長娶婦，各求分財異居，全不能止，凡田廬器物，悉自取朽弊者，奉唐古氏以居，甘旨無乏。唐古氏卒，全年六十餘，哀痛毁瘠，廬其墓終喪。

又有劉德，奉元人。父娶後妻何氏，德事之如所生。家貧，傭工取直，寸錢尺帛皆上之。四弟並何出，德撫愛尤篤。年五十未娶，稱貸得錢先爲弟求婦，諸弟亦化其德，一門藹然。鄉里稱爲劉佛子。

馬押忽，也里可溫氏。素貧，事繼母張氏、庶母呂氏，克盡子職。

劉居敬，大都人。年十歲，繼母郝氏病，居敬憂之，懇天以求代。狀聞，並褒表之。

楊皡，扶風人。父清，母牛氏。牛氏嘗病劇，皡叩天求代，遂痊，如是者再。後牛氏失明，皡登太白山取神泉洗之，復如故。牛氏歿，哀毀特甚。葬之日，大雨，獨皡墓前後數里，密雲蔽之，雨不沾土，送者大悅。葬畢，令妻衞氏家居養淸，皡獨廬墓上，負土爲墳，蔬食水飲，終其喪。淸卒，亦如之。

丁文忠，許州偃城人，業鼓冶。母和氏疾，與弟文孝竭力調侍。母卒，文忠廬墓側，不與妻面者三年。父貴又疾，醫不能療，文忠造車一輛，兄弟共御之，載父禱于嵩山、五臺、泰安、河瀆諸祠，途遇異僧遺藥而愈。延祐七年，旌之。

邵敬祖，宛丘人。父喪廬墓。母繼歿，河決，不克葬，殯于城西。敬祖露宿依其側，風雨不去。友人哀之，爲縛草舍庇之，前後居廬六年，兩髀俱成濕疾。至治三年，旌其家。

其後又有永平李彥忠，父喪廬墓，八年不至家。

茶陵譚景星，幼失父，追念之，廬其墓十年。

亳州郭成，年七十一，母喪，食粥廬墓一年，朝夕哭臨。人哀其老而能孝。

扈鐸，汴梁蘭陽人。蚤孤，育於伯父。及壯，事伯父如所生。伯父老無子，鐸爲買妾，歲餘，產一女。其妾性頗不慧，熟寐，壓女死。久之，伯父卒，鐸喪之甚哀。遺腹生一男，鐸懲前失，告其母及妻妹護視之，己復廬戶外，中夜審察，不敢安寢。弟能食，常自抱哺，與同臥起，十年不少怠。弟有疾，鐸夜稽顙星斗哀禱曰：「天不伐余家，鐸父子間可去一人，勿喪吾弟，使伯父無後也。」明旦，弟愈。母卒，哀毀踰禮，廬于墓側，不理家事，宗族勸之歸，鐸曰：「今歲凶多盜，吾家雖貧，安知墓中無可欲乎！倘驚吾親之靈，雖生何爲！」卒守廬不去。

孫秀實，大寧人。性剛毅，喜周人急。里人王仲和嘗托秀實貸富人鈔二千錠，貧不能償，棄其親逃去。數年，其親思之，疾，秀實日饋薪米存問，終不樂。秀實哀之，悉爲代償，取券還其親，復命奴控馬齎金，訪仲和使歸，父子歡聚，聞者莫不嗟美。又李懷玉等貸秀實鈔一千五百錠，度(以無)〔無以〕償，〔四〕盡還其券不徵。

復有賈進，大同人。大德九年，地震，民居多傷，且乏食，進給酒藥炭米濟之。每歲冬，製木綿裘數百襲衣寒者。買地爲義阡，使無墓者葬之。

李子敬，陝西三原人。嫁不能嫁者五十餘人，葬不能葬者五十餘喪，焚逋券四萬餘貫。有司以名聞，並旌之。

宗杞，大都人。年十九，父內宰卒，擗踊號泣，絕而復甦，水漿不入口者三日。哀氣傷心，遂成疾。伏臥床榻，猶哭不止，淚盡，繼之以血。旣葬，疾轉甚。杞有繼母，無他兄弟，度不能自起，作遺書囑其妻楊氏曰：「汝善守志，以事吾母。」遂卒。楊氏遺腹生一男，人以爲孝感，天不絕其嗣云。泰定三年，旌其門。

趙榮，扶風人。母强氏有疾，榮割股肉啖之者三。復負母登太白山，禱于神，得聖水飲之，乃痊。後年七十五卒，榮號痛不食，三日方飲水，七日乃食粥。葬之日，白雲庇其墓前後十五里，葬畢而散。榮負土成墳，廬其側終喪。

吳好直，華州蒲城人。父歿，事繼母孝，兄弟嘗求分財，好直勸諭不能止，卽以己所當得，悉推與之。出從師學，澹泊三十年，無少悔。又有甄城柴郁、陳舜咨，皆能孝友，以己產分讓兄弟。縣令言狀，並表美之。

余丙，建德遂安人。幼喪母，泣血成疾。父亡，不忍葬，結廬古山下，殯其中，日閉戶守視。有牧童遺火，延殯廬，丙與子慈亟撲不止，欲投身火中，與柩俱焚。俄暴雨，火滅。

徐鈺，鎭江人。始冠，侍父鎭，將之婺源，過丹陽小谿，鎭乘橋失足，墮水中。同行者立岸上，不能救。鈺投谿擁鎭出，鎭得挽行舟以升。鈺力憊，且水勢湍急，遂溺死，屍流四十五里，得于灘。江浙行省言狀，表異之。

尹莘，汴梁洧川人。至治初，遊學於京師，忽夢母疾，心怪之。馳歸，母已亡。居廬蔬食，哀毀骨立，每鷄鳴而起，手治祭饌，詣墓所哭奠之，風雪不廢。父輔臣嘗病疫，莘侍奉湯藥，衣不解帶，嘗其糞以驗差劇，夜則禱於天曰：「莘母亡不能見，父病不能治，爲人子若此，何以自立於世，願死以代父命。」數日愈，鄉里嗟異之。

又有高唐孫希賢，母病痢，希賢閱方書，有曰「血溫身熱者死，血冷身涼者生」。希賢嘗之，其血溫，乃號泣祈天，求身代之，母遂愈。

高郵卜勝榮，母痢，不能藥，日嘗痢以求愈。兄疾，禮北辰，乞減己年延之。並痊。

劉廷讓，大寧武平人。至順初，北方兵起，民被殺掠。廷讓挈家避山中，有幼弟方乳，母王氏置于懷，兵急，廷讓乃棄己子，一手抱幼弟，一手扶母，疾驅得免。事聞，旌之。

劉通，亳州譙縣人。家貧業農。母卜氏，好聲樂，每眩技者以簫鼓至門，必令娛侍，或自歌舞，以悅母心。卜氏目失明，通誓斷酒肉，禱之三十年不懈，卜氏年八十五，忽復明。至大間鄱陽黃鎰，皇慶間諸暨丁祥一，皆以親喪明，以舌舐之，復能視。並命褒表。

張旺舅，安豐霍丘人。幼失父，母陳氏居貧守志，旺舅九歲，賣餳以養。及長，母病，伏枕數月，旺舅無貲命醫，惟日夜痛哭，禮天求代，未幾遂愈。又自以生業微不能多給，竟不娶，以終母年。縣令言于朝，旌之。

張思孝，華州人。母喪，以孝聞。父疾，調護甚至，不愈，以父涕洟半器，垂泣盡飲之，復潔齋致禱，乞以身代，未幾，遂痊。至順三年，表其門。

〔社〕〔杜〕佑，〔五〕邳州人。河南行省署爲三叉〔口〕水、馬站提領。〔六〕父成病于家，佑忽心驚，擧體沾汗，卽棄職歸。父病始三日，遂禱神求代，且嘗糞以驗疾。父卒，廬墓盡哀，有馴兎之瑞。

長壽，父帖住，官平章政事，生五子。長山壽早世，次卽長壽，次永壽、福壽、忙古海牙。元統間，帖住歿，長壽哀毁盡禮。服闋，當蔭敍，與弟羅拜母前曰：「吾父廉貧，諸弟未有所立，願以職讓永壽。」永壽讓福壽，福壽曰：「二兄能讓，福壽獨不能耶！」以讓忙古海牙，母從之。忙古海牙遂告蔭，爲太禧宗禋院神御殿侍禮佐郎，階奉議大夫。兄弟奉母尤篤，邦閭美之。

至大間，河中梁外僧，親喪廬墓，兄那海爲輿魯官，自以嘗遠仕，不得養其親，卽棄職，擧外僧代之。人稱外僧能孝，那海能義。又有畏吾氏秋秋，及濠州高中、嘉定武進，皆以侍親不願仕，以祖父蔭讓叔父昆弟云。

孫瑾，鎭江丹徒人。父喪，哀毁，嚴冬跣足而步，停柩四載，衣不解帶，常食粥，誦佛書。

及葬，載柩渡江，潮波方湧，俄順風翼帆，如履平地。事繼母唐氏尤孝，嘗患癰，瑾親吮之；又喪目，瑾舐之復明。唐氏卒，卜日將葬，時春苦雨，瑾夜號天乞霽，至旦，雲日開朗，甫掩壙，陰氣復合，雨注數日不止。

又有吳希曾，睢寧人。父卒，葬之日大雨，希曾跪柩前，炷艾燃腕，火熾，雨止。既葬，廬於墓左。

縣上狀，並旌之。

張恭，河南偃師人。以兵部符署鷹房府案牘，親老，辭歸侍養，墾理先墓，身負水灌松柏。父喪，過哀。侍母馮氏尤謹。歲凶，恭夫婦采野菜爲食，而營奉甘旨無乏。母有疾，恭手除溷穢，喂哺飲食，且嘗糞以驗疾勢。天曆初，西兵至河南，居民悉竄。恭守視母病，項中一劍，不去，母驚悸而歿，恭居喪盡禮，人稱孝焉。有詔旌其閭。

訾汝道，德州齊河人。父興卒，居喪，以孝聞。母高氏治家嚴，汝道承順甚恭。母嘗寢疾，晝夜不去側。一日，母屏人授以金珠若干曰：「汝素孝，室無私蓄，我一旦不諱，此物非汝有矣，可善藏之，毋令他兄弟知也。」汝道泣拜曰：「吾父母起艱難，成家業，今田宅牛羊已多，汝道恨無以報大恩，尚敢受此，以重不孝之罪乎！」竟辭之。母卒，哀毀，終喪不御酒肉。性尤友愛，二弟將析居，汝道悉以美田廬讓之；二弟早世，撫諸孤如己子。鄉人劉顯等貧無以爲生，汝道割己田各畀之，使食其租終身。里中嘗大疫，有食瓜得汗而愈者，汝道即多市瓜及攜米，歷戶饋之。或曰：「癘氣能染人，勿入也。」不聽，益周行問所苦，然卒無恙。有死者，復贈以棺櫝，人咸感之。嘗出麥粟貸人，至秋，蝗食稼，人無以償，汝道聚其券焚之。縣令李讓爲請旌其家。

校勘記

〔一〕塔塔思歹　按蒙古人名多見「塔塔兒歹」、「塔塔里歹」，意爲「塔塔兒部人」。疑此處「思」爲「里」之誤。

〔二〕（娥）〔峨〕眉　據本書卷六〇地理志改。類編已校。

〔三〕徹徹（担）〔捏〕古思氏　元史氏族表捏古台氏云：「又元史孝友傳有徹徹者，担古思氏，担亦捏字之譌。」蒙古無「担古思」姓氏，今改。

〔四〕度（以無）〔無以〕償　從道光本改正。

〔五〕（社）〔杜〕佑　道光本與本書原目錄合，從改。

〔六〕三叉〔口〕水馬站提領　按經世大典站赤河南江北行省淮安路下有「桃源縣三叉口站二：馬站，馬六十匹；水站，船三十四隻」。據補。

元史卷一百九十八

列傳第八十五

孝友二

王庸字伯常，雄州歸信人。事母李氏以孝聞。母有疾，庸夜禱北辰，至叩頭出血，母疾遂愈。及母卒，哀毀幾絕，露處墓前，旦夕悲號。一夕，雷雨暴至，鄰人持寢席往，欲蔽之，見庸所坐臥之地獨不霑濕，咸嘆異而去。復有蜜蜂數十房，來止其家，歲得蜜蠟，以供祭祀。

黃贇字止敬，臨江人。父君道，延祐間求官京師，留贇江南。時贇年幼，及既長，聞其父娶後妻居永平，乃往省之，則父歿已三年矣。庶母聞贇來，盡挾其貲去，更嫁，拒不見贇。贇號哭語人曰：「吾之來，爲省吾父也。今不幸吾父已歿，思奉其柩歸而窆之，莫知其墓。苟得見庶母示以葬所，死不恨矣，尚忍利遺財邪！」久之，聞庶母居海濱，亟裹糧往，庶母復拒之，三日不納。庶母之弟憐之，與偕至永平屬縣樂亭求父墓，又弗得。賓哭禱于神，一夕夢老父以杖指葬處曰：「見片磚即可得。」明日就其地求之，庶母之弟曰：「眞是已，斂時有某物可驗。」啓朽棺，得父骨以歸。

石明三者，與母居餘姚山中。一日明三自外歸，覓母不見，見壁穿而臥內有三虎子，知母爲虎所害。乃盡殺虎子，礪巨斧立壁側，伺母虎至，斫其腦裂而死。復往倚巖石傍，執斧伺候，斫殺牡虎。明三亦立死不仆，張目如生，所執斧牢不可拔。

劉琦，〔二〕岳州臨湘人。生二歲而母劉氏遭亂陷于兵，琦獨事其父。稍長，思其母不置，常歎曰：「人皆有母，而我獨無！」輒歔欷泣下。及冠，請於父，往求其母，遍歷河之南北、淮之東西，數歲不得。後求得於池州之貴池，迎以歸養。其後十五年而父歿，又三年而母歿，終喪猶蔬食。有司上其事，旌表其門曰「孝義」。

劉源，歸德中牟人。〔三〕母吳氏，年七十餘，病甚不能行。適兵火起，且延至其家，鄰里俱逃，源力不能救，乃呼天號泣，趨入抱母，爲火所焚而死。

祝公榮字大昌，處州麗水人。隱居養親，事母甚孝。母歿，居喪盡禮。竈突失火，公榮力不能救，乃伏棺悲哭，其火自滅，鄉里異之。塑二親像於堂，朝夕事之如事生焉。

陸思孝，紹興山陰樵者，性至孝。母老病痢，思孝醫禱久之，不效。思孝方欲刲股肉爲糜以進，忽夢寐間恍若有神人者授以藥劑，思孝得而異之，卽以奉母，其疾遂愈。

姜兼，嚴州淳安人。七歲而孤，與二兄養母至孝。母死，兼哀慕幾絕。既葬，獨居墓下，朝夕哭奠，寂焉荒山中，躬自樵爨，蔬食飲水，一褒麻寒暑不易。同里陳氏、戴氏子不能事其父母，聞兼之行，慚感而悔，皆迎養焉。

胡伴侶，鈞州密縣人。其父實嘗患心疾數月，幾死，更數醫俱莫能療。伴侶乃齋沐焚香，泣告于天，以所佩小刀於右脅傍刲其皮膚，割脂一片，煎藥以進，父疾遂瘳，其傷亦旋愈。朝廷旌表其門。

王士弘，延安中部人。父搏有疾，士弘傾家貲求醫，見醫卽拜，遍禱諸神，叩額成瘡。父歿，哀毁盡禮，廬墓三年，足未嘗至家。墓廬上有奇鵲來巢，飛鳥翔集，與士弘親近，若相狎然，衆咸異之。終喪，復建祠於塋前，朔望必往奠祭，雖風雨不廢也。有司上其事于朝，旌表之。

何從義，延安洛川人。祖良、祖母李氏偕亡，從義廬於墓側，旦夕哀慕，不脫絰帶，不食菜果，惟啖蔬食而已。事父世榮、母王氏，孝養尤至。伯祖溫、伯祖母郝氏，叔祖恭、叔祖母賀氏，叔祖讓、叔祖母姜氏，叔父珍、叔母光氏，皆無子。比其亡也，從義咸爲治葬，築高墳，祭奠以禮，時人義之。

哈都赤，大都固安州人。天性篤孝。幼孤，養母，母嘗有疾，醫治不痊，哈都赤礪其所佩小刀，拜天泣曰：「慈母生我劬勞，今當捐身報之。」乃割開左脅，取肉一片，作羹進母，母曰：「此何肉也？其甘如是！」數日而病愈。

高必達，建昌人。五歲時，父明大忽棄家遠遊，莫知所適。必達旣長，晝夜哀慕，乃娶妻以養母，而歷往四方求其父，十餘年不得見，心愈悲。忽相傳黃州全眞道院中有虛明子者，學道三十年矣，本姓高氏，建昌人也，匿姓名爲道人云。必達詢問，知爲父，卽往拜之，具言家世，及己之所生歲月，大父母之喪葬始末，因哀號叩頭不已。虛明猶瞑坐不顧，久之，斥曰：「我非汝父，不去何爲？」必達留侍左右不少懈，辭氣哀惻可矜。其徒謂虛明曰：「師有子如此，忍弗歸乎？」虛明不得已，乃還家。必達孝養篤至，鄉里稱之。

曾德，漁陽人，宗聖公五十七代孫。母早亡，父仲祥再娶左氏。仲祥遊襄陽，樂其土俗，因攜左氏家焉。亂兵陷襄陽，遂失左氏。德遍往南土求之，五年乃得于廣海間，奉迎以歸，孝養甚至。有司以聞，詔旌復其家。

靳昺字克昌，絳州曲沃人。兄榮爲奎章閣承制學士，奉母王氏官于朝。母歿，昺與兄榮護喪還家。至平定，大雷雨，流水驟至，昺伏柩上，榮呼之避水，昺不忍舍去，遂爲水所漂沒。後得王氏柩於三里外，得昺屍於五里外。詔賜孝子靳昺碑。

黃道賢，泉州人。嫡母唐無子，道賢在襁褓而生母蘇以疾去。既長，思念生母，屢請於父，得召之歸。道賢竭力養二母，得其歡心。父病篤，道賢晝夜奉湯藥，不離膝下，遍求良醫，莫效。乃夜禱于天，願減己一紀之算，以益父壽，其父遂愈。至元統二年乃歿，果符一紀之數。道賢居喪盡禮，負土築墳，廬于墓側，疏食終制。至元二年，有司上其事，旌其門曰「孝子黃氏之門」。

史彥斌，邳州人。嗜學，有孝行。至正十四年，河溢，金鄉、魚臺墳墓多壞。彥斌母卒，慮有後患，乃爲厚棺，刻銘曰「邳州沙河店史彥斌母柩」，仍以四鐵環釘其上，然後葬。明年，墓果爲水所漂，彥斌縛草爲人，置水中，仰天呼曰：「母棺被水，不知其處，願天矜憐哀子之心，假此芻靈，指示母棺。」言訖，涕泣橫流，乃乘舟隨草人所之，經十餘日，行三百餘里，草人止桑林中，視之，母柩在焉，載歸復葬之。

張紹祖字子讓，潁州人。讀書力學，以孝行聞于朝，特授河南路儒學教授。至正十五年，奉父避兵山間，賊至，執其父將殺之，紹祖泣曰：「吾父者德善人，不當害，請殺我以代父死。且若等非父母所生乎，何忍害人父也！」賊怒，以戈擊之，戈應手挫鈍，因感而相謂曰：「此眞孝子，不可害。」乃釋之。

李明德，瑞州路上高縣人。讀書有志操，孝行篤至。至正十四年，亂兵陷袁州，因抄掠上高，兵執其父欲殺之，明德泣告曰：「子豈不能代父乎，願勿害吾父也！」兵遂殺明德，而免其父，後以高壽終。

張緝字士明，益都膠州人。性孝友，能詩文。至正七年，與兄紳、弟經同領鄉薦，由澤州儒學正轉泰州幕職，棄之，養親居揚州。十五年，揚州亂，緝母姬氏方臥病，賊突入臥內，舉槍欲刺姬，緝以身蔽姬，槍中緝脅，三日而死。

魏敬益字士友，雄州容城人。性至孝，居母喪，哀毁骨立。素好施與，有男女失時者，出貲財爲之嫁娶；歲凶，老弱之饑者，爲糜以食之。敬益有田僅十六頃，一日語其子曰：「自吾買四莊村之田十頃，環其村之民皆不能自給，吾深憫焉。今將以田歸其人，汝謹守餘田，可無餒也。」乃呼四莊村民諭之曰：「吾買若等業，使若等貧不聊生，有親無以養，吾之不仁甚矣，請以田歸若等。」衆聞皆愕眙不敢受，强與之，乃受而言諸有司。有司以聞于中書，請加旌表。丞相賀太平歎曰：「世乃有斯人哉！」

湯霖字伯雨，龍興新建人。早喪父，事母至孝。母嘗病熱，更數醫弗能效。母不肯飲藥，曰：「惟得冰，我疾乃可愈。」爾時天氣甚燠，霖求冰不得，累日號哭於池上。忽聞池中戛戛有聲，拭淚視之，乃冰澌也。亟取以奉母，其疾果愈。

孫抑字希武，世居晉寧洪洞縣。抑登進士第，歷仕至刑部郎中。關保之變，挈父母妻子避兵平陽之柏村。有亂兵至村剽掠，拔白刃嚇抑母，求財不得，舉刃欲斫之。抑亟以身蔽母，請代受斫，母乃得釋。而抑父被虜去，不知所之。或語之曰：「汝父被驅而東矣，然東軍得所掠民皆殺之，汝慎無往就死也。」抑曰：「吾可畏死而棄（其）〔吾〕父乎？」〔三〕遂往，出入死地，屢瀕危殆，卒得父以歸。

石永，紹興新昌人。性淳厚，事親至孝。值亂兵掠鄉里，永父謙孫年八十，老不能行，永負父匿山谷中。亂兵執其父，欲殺之，永亟前抱父請以身代，兵遂殺永而釋其父。

王克己，延安中部人。父伯通歿，克己負土築墳，廬於墓側。貊高縱兵暴掠，縣民皆逃竄，克己獨守墓不去。家人呼之避兵，克己曰：「吾誓守墓三年，以報吾親，雖死不可棄也。」遂不去。俄而兵至，見其身衣衰絰，形容憔悴，曰：「此孝子也！」遂不忍害，竟終喪而歸。

劉思敬，延安宜君人。事其繼母沙氏、杜氏，孝養之至，無異親母。父年八十，兩目俱喪明，會亂兵剽掠其鄉，思敬負父避于巖穴中。有兵至，欲殺思敬，思敬泣言曰：「我父老矣，又無目，我死不足惜，使我父何依乎？」兵憐其孝，不忍殺，父子皆免於難。

呂祐字伯通，晉安人。〔四〕至正二十六年，郡城破，有卒入其室，拔白刃脅其母林氏索財寶不得，揮刃欲斫母。祐急以身蔽母，而奪其刃，手指盡裂，被傷仆地。良久而甦，開目視母曰：「母幸無恙，我死無憾矣。」遂瞑目死。

周樂，溫州瑞安人。宋狀元坦之後，父日成，通經能文。海賊竊據溫州，拘日成置海舟上，樂隨往，事其父甚謹。一日賊酋遣人沉日成于水，樂泣請曰：「我有祖母，幸留父侍養，請以己代父死。」不聽，樂抱父不忍捨，遂同死焉。

校勘記

〔一〕劉琦　傳與礪集卷四旌孝圖集序、王圻續文獻通考卷七二節義考作「張琦」。疑「劉」當作「張」。

〔二〕劉源歸德中牟人　中牟縣自石晉以來屬開封府，即元汴梁路，不隸歸德府。王圻續文獻通考卷七二節義考稱「劉源，中牟人」，不言歸德。疑「歸德」二字衍誤。

〔三〕吾可畏死而棄（其）〔吾〕父乎　王圻續文獻通考卷七二節義考作「吾可畏死而棄吾父乎」，從改。

〔四〕晉安人　王圻續文獻通考卷七二節義考、清修福建通志孝義傳皆謂呂祐晉江人。按元代路府州縣無「晉安」，疑「安」爲「江」之誤。

元史卷一百九十九

列傳第八十六

隱逸

古之君子，負經世之德，度時不可爲，故高蹈以全其志。使得其時，未嘗不欲仕，仕而行所學，及物之功豈少哉。後世之士，其所蘊蓄或未至，而好以跡爲高，當邦有道之時，且遁世離羣，謂之隱士。世主亦苟取其名而强起之，及考其實，不如所聞，則曰「是欺世釣譽者也」，上下豈不兩失也哉！

元之隱士亦多矣，如杜瑛遺執政書，暨張特立居官之政，則非徒隱者也，蓋其得時則行，可隱而隱，頗有古君子之風。而世主亦不强之使起，可謂兩得也已。自是以隱逸稱者，蓋往往而有，今摭其可傳者，作隱逸傳。

杜瑛字文玉，其先霸州信安人。父時昇，金史有傳。瑛長七尺，美鬚髯，氣貌魁偉。金將亡，士猶以文辭規進取，瑛獨避地河南緱氏山中。時兵後，文物凋喪，瑛搜訪諸書，盡讀之，讀輒不忘，而究其指趣，古今得失如指諸掌。間關轉徙，教授汾、晉間。中書粘合珪開府（爲）〔於〕相，〔一〕瑛赴其聘，遂家焉。與良田千畝，辭不受。術者言其所居下有藏金，家人欲發視，輒止之。後來居者果得黃金百斤，其不苟取如此。

歲己未，世祖南伐至相，召見問計，瑛從容對曰：「漢、唐以還，人君所恃以爲國者，法與兵、食三事而已。國無法不立，人無食不生，亂無兵不守。今宋皆蔑之，殆將亡矣，興之在聖主。若控襄樊之師，委戈下流，以擣其背，大業可定矣。」帝悅，曰：「儒者中乃有此人乎！」瑛復勸帝數事，以謂事不如此，後當如彼。帝納之，心賢瑛，謂可大用，命從行，以疾弗果。

中統初，詔徵瑛。時王文統方用事，辭不就。左丞張文謙宣撫河北，奏爲懷孟、彰德、大名等路提舉學校官，又辭，遺執政書，其略曰：「先王之道不明，異端邪說害之也，橫流奔放，天理不絕如線。今天子神聖，俊乂輻湊，言納計用，先王之禮樂教化，興明修復，維其時矣。若夫簿書期會，文法末節，漢、唐猶不屑也，執事者因陋就簡，此焉是務，良可惜哉！夫善始者未必善終，今不能遡流求源，明法正俗，育材興化，以拯數百千年之禍，僕恐後日之弊，將有不可勝言者矣。」人或勉之仕，則曰：「後世去古雖遠，而先王之所設施，本末先後，猶可考見，故爲政者莫先於復古。苟因習舊弊，以求合乎先王之意，不亦難乎！吾又不能隨時俛仰以赴機會，將焉用仕！」於是杜門著書，一不以窮通得喪動其志，優游道藝，以終其身。年七十，遺命其子處立、處愿曰：「吾卽死，當表吾墓曰『緱山杜處士』。」天曆中，贈資德大夫、翰林學士、上護軍，追封魏郡公，謚文獻。

所著書曰春秋地理原委十卷、語孟旁通八卷、皇極引用八卷、皇極疑事四卷、極學十卷、律呂律曆禮樂雜志三十卷、〔三〕文集十卷。其於律，則究其始，研其義，長短清濁，周徑積實，各以類分，取經史之說以實之，而折衷其是非。其於曆，則謂造曆者皆從十一月甲子朔夜半冬至爲曆元，獨邵子以爲天開於子，取日甲月子、星甲辰子，爲元會運世之數，無朔虛，無閏餘，率以三百六十爲歲，而天地之盈虛，百物之消長，不能出乎其中矣。論閉物開物，則曰開於己，閉於戊；五，天之中也；六，地之中也；戊己，月之中星也。又分卦配之紀年，金之大定庚寅，交小過之初六；國朝之甲寅三月二十有三日寅時，交小過之九四。多先儒所未發，掇其要著于篇云。

張特立字文舉，東明人。初名永，避金衞紹王諱，易今名。中泰和進士，爲偃師主簿。改宣德州司候。州多金國戚，號難治，特立至官，俱往謁之。有五將軍率家奴劫民羣羊，特立命大索閭里，遂過將軍家，溫言誘之曰：「將軍宅寧有盜羊者邪，聊視之以杜衆口。」潛使人索其後庭，得羊數十。遂縛其奴繫獄，其子匿他舍，捕得之，以近族得減死論。豪貴由是遵法，民賴以全。

正大初，遷洛陽令。時軍旅數起，郡縣窘迫，東帥紇石烈牙兀觧又侮慢儒士，會移鎮陝右，道經洛陽，見特立淳古，不禮之，遽責令治糗具，期三日足，後期如軍法。縣民素賢特立，爭輸於庭，帥大奇之。既而拜監察御史，首言世宗諸孫不宜幽囚；尚書右丞顏盞石魯與細民爭田，參知政事徒單兀典諂事近習，皆當罷黜。執政者忌之。會平章政事白撒犒軍陝西，特立又劾其掾不法。白撒訴于世宗，言特立所言事失實，世宗宥之，遂歸田里。

特立通程氏易，晚教授諸生，東平嚴實每加禮焉。歲丙午，世祖在潛邸受王印，首傳旨諭特立曰：「前監察御史張特立，養素丘園，易代如一，今年幾七十，研究聖經，宜錫嘉名，以光潛德，可特賜號曰中庸先生。」又諭曰：「先生年老目病，不能就道，故令趙寶臣諭意，且名其讀書之堂曰麗澤。」壬子歲，復降璽書諭特立曰：「白首窮經，誨人不倦，無過不及，學者宗之，昔已賜嘉名，今復諭意。」癸丑，特立卒，年七十五。中統二年，詔曰：「中庸先生學有淵源，行無瑕玷，雖經喪亂，不改故常，未遂丘園之賁，俄興窀穸之悲。可復賜前號，以彰寵數。」特立所著書有易集說、歷年係事記。

（杜本）〔三〕

杜本字伯原，其先居京兆，後徙天台，又徙臨江之清江，今爲清江人。本博學，善屬文。江浙行省丞相忽剌（木）〔朮〕得其所上救荒策，〔四〕大奇之，及入爲御史大夫，力薦于武宗。嘗被召至京師，未幾歸隱武夷山中。文宗在江南時，聞其名，及卽位，以幣徵之，不起。

至正三年，右丞相脫脫以隱士薦，詔遣使賜以金織文幣、上尊酒，召爲翰林待制、奉議大夫，兼國史院編修官。使者致君、相意，趣之行。至杭州，稱疾固辭，而致書於丞相曰：「以萬事合爲一理，以萬民合爲一心，以千載合爲一日，以四海合爲一家，則可言制禮作樂，而躋五帝三王之盛矣。」遂不行。

本湛靜寡欲，無疾言遽色。與人交尤篤於義，有貧無以養親、無貲以爲學者，皆濟之。平居書册未嘗釋手。天文、地理、律曆、度數，靡不通究，尤工於篆隸。所著有四經表義、六書通編、十原等書，學者稱爲清碧先生。至正十年卒，年七十有五。

時有張樞子長者，婺之金華人，亦屢徵不起。樞幼聰慧，外家潘氏蓄書數萬卷，樞盡取而讀之，過目輒不忘。既長，肆筆成章，頃刻數千言。有問以古今沿革、政治得失、宇宙之分合、禮樂之廢興，以至帝號官名、歲月先後，歷歷如指諸掌。其爲文，務推明經史，以扶翼敎道，尤長於敍事。嘗取三國時事撰漢本紀列傳，附以魏吳載記，爲續後漢書七十三卷。臨川危素稱其立義精密，可備勸講，朝廷取其書置宣文閣。浙東部使者交薦之，前後章凡九上。

至正三年，命儒臣纂修遼、金、宋三史，右丞相脫脫以監修國史領都總裁，辟樞本府長史，力辭不拜。七年，申命史臣纂修本朝后妃、功臣傳，復以翰林修撰、儒林郎、同知制誥兼國史院編修官召樞，俾與討論，復避不就。使者强之行，至杭州，固辭而歸。嘗著春秋三傳歸一義三十卷，刊定三國志六十五卷，林下竊議、曲江張公年譜各一卷，弊帚編若干卷。至正八年卒，年五十有七。

孫轍字履常，其先自金陵徙家臨川。轍幼孤，母蔡氏敎之，知警策自樹立。比長，學行純篤，事母甚孝。家居敎授，門庭蕭然，而考德問業者日盛。郡中俊彥有聲者皆出其門。轍與人言，一以孝弟忠信爲本，辭溫氣和，聞者莫不油然感悟。待親戚鄉里禮意周洽，言論間未嘗幾微及人過失長短。士子至郡者必來見，部使者長吏以下仁且賢者，必造焉。轍樂易莊敬，接之以禮，言不及官府。憲司屢辟，皆不就。江西行省特以遺逸舉轍一人。轍善爲文章，吳澄嘗敍其集曰：「所謂仁義之人，其言藹如也。」其見稱許如此。元統二年，年七十有三，卒于家。

同郡吳定翁字仲谷，其先當宋初自金陵來徙。定翁幼歲儼如成人，寒暑衣冠不少懈，清修文雅，與孫轍齊名。而最善爲詩，揭傒斯稱其幽茂疏澹，可比盧摯。御史及江西之方伯牧守部使者，辟薦相望，終身不爲動。程鉅夫嘗貽書曰：「臨川士友及門者，踵相接也，何相望足下耿耿如玉人，而不可得見乎！」定翁嘗曰：「士無求用於世，惟求無媿於世。」人以爲名言。

（何中）〔五〕

何中字太虛，撫之樂安人。少穎拔，以古學自任，家有藏書萬卷，手自校讎。其學弘深該博，廣平程鉅夫，清河元明善，柳城姚燧，東平王構，同郡吳澂、揭傒斯，皆推服之。至順二年，江西行省平章全岳柱聘爲龍興郡學師。明年六月，以疾卒。所著有易類象二卷、書傳補遺十卷、通鑑綱目測海三卷、知非堂藁十七卷。

同郡危復之字見心。宋末爲太學生，師事湯漢，博覽羣書，好讀易，尤工於詩。至元初，元帥郭昂屢薦爲儒學官，不就。至元中，朝廷累遣奉御察罕及翰林應奉詹玉以幣徵之，皆弗起。隱於紫霞山中，士友私謚曰貞白先生。

（武恪）〔六〕

武恪字伯威，宣德府人。初以神童遊學江南，吳澄爲江西儒學副提舉，薦入國學肄業。明宗在潛邸，選恪爲說書秀才，及出鎮雲南，恪在行。明宗欲起兵陝西，恪諫曰：「太子北行，於國有君命，於家有叔父之命，今若向京師發一箭，史官必書太子反。」左右惡恪言，乃曰：「武秀才有母在京，合遣其回。」恪遂還京師，居陋巷，敎訓子弟。

文宗知其名，除祕書監典簿。秩滿，丁內艱，再除中瑞司典簿，改汾西縣尹，皆不起。人或勸之仕，恪曰：「向爲親屈，今親已死，不復仕矣。」居數歲，會朝廷選守令，泰不華擧恪爲平陽沁水縣尹，亦不赴。近臣又薦爲授經郎，恪遂陽爲瘖瘂，不就。

恪好讀周易，每日堅坐。或問之曰：「先生之學，以何爲本？」恪曰：「以敬爲本。」所著有水雲集若干卷。其從之學者多有所成，佛家奴爲太尉，完者不花僉樞密院事，皆有賢名。

校勘記

〔一〕中書粘合珪開府（爲）〔於〕相　石田集卷一一杜瑛神道碑作「開府於相」，滋溪文稿卷二二杜瑛行狀作「開府彰德」。相州卽彰德。「爲」係「於」之訛，今從道光本改。

〔二〕律呂律曆禮樂雜志　石田集卷一一杜瑛神道碑、滋溪文稿卷二二杜瑛行狀「雜志」均作「雜說」，疑作「說」是。

〔三〕（杜本）　從北監本删。

〔四〕忽刺（木）〔朮〕　道光本與危太樸續集卷二杜本墓碑合，從改。按本書卷二三武宗紀至大三年八月乙未條有「忽刺出」，爲「忽刺朮」之異譯。

〔五〕（何中）　從北監本删。

〔六〕（武恪）　從北監本删。

元史卷二百

列傳第八十七

列女一

古者女子之居室也，必有傅姆師保爲陳詩書圖史以訓之。凡左右佩服之儀，內外授受之別，與所以事父母舅姑之道，蓋無所不備也。而又有天子之后妃，諸侯之夫人，躬行於上，以率化之。則其居安而有淑順之稱，臨變而有貞特之操者，夫豈偶然哉。後世此道既廢，女生而處閨闥之中，溺情愛之私，耳不聆箴史之言，目不覩防範之具，由是動踰禮則，而往往自放於邪僻矣。苟於是時而有能以懿節自著者焉，非其生質之美，則亦豈易致哉。史氏之書，所以必錄而弗敢略也。

元受命百餘年，女婦之能以行聞於朝者多矣，不能盡書，采其尤卓異者，具載于篇。其間有不忍夫死，感慨自殺以從之者，雖或失於過中，然較於苟生受辱與更適而不知愧者，有間矣。故特著之，以示勸厲之義云。

崔氏，周朮忽妻也。丁亥歲，從朮忽官平陽。金將來攻城，克之，下令官屬妻子敢匿者死。時朮忽以使事在上黨，崔氏急卽抱幼子禎以詭計自言於將，將信之，使軍吏書其臂出之。崔氏曰：「婦人臂使人執而書，非禮也。」以金賂吏，使書之紙。吏曰：「吾知汝誠賢婦，然令不敢違。」命崔自揎袖，吏懸筆而書焉。既出，有言其詐者，將怒，命追之。崔與禎伏土窖三日，得免。既與朮忽會。

未幾，朮忽以病亡，崔年二十九，卽大慟柩前，誓不更嫁，斥去麗飾，服皂布弊衣，放散婢僕，躬自紡績，悉以資產遺親舊。有權貴使人諷求娶，輒自爬毀其面不欲生。四十年未嘗妄言笑，預吉會。治家教子有法，人比古烈婦云。

周氏，（灤平）〔平灤〕石城人。〔三〕年十六適李伯通，生一子，名易。金末，伯通監豐潤縣，國兵攻之，城破，不知所終。周氏與易被虜，謂偕行者曰：「人苟愛其生，萬一受辱，不如死也。」卽自投于塹。主者怒，拔佩刀三刃其體而去，得不死。遂攜易而逃，間關至汴，績紝以自給，教易讀書有成。

楊氏，東平須城人。夫郭三，從軍襄陽，楊氏留事舅姑，以孝聞。至元六年，夫死戍所，母欲奪嫁之，楊氏號痛自誓，乃已。久之，夫骨還，舅曰：「新婦年少，終必他適，可令吾子鰥處地下耶！」將求里人亡女骨合瘞之。楊氏聞，益悲，不食五日，自經死，遂與夫共葬焉。

胡烈婦，渤海劉平妻也。至元七年，平當戍棗陽，車載其家以行。夜宿沙河傍，有虎至，銜平去。胡覺起追及之，持虎足，顧呼車中兒，取刀殺虎，虎死，扶平還至季陽城求醫，以傷卒。縣官言狀，命恤其母子，仍旌異之。

至大間，建德王氏女，父出耘舍傍，遇豹，爲所噬，曳之升山。父大呼，女識父聲，驚趨救，以父所棄鋤擊豹腦，殺之，父乃得生。

闞文興妻王氏，名醜醜，建康人也。文興從軍漳州，爲其萬戶府知事，王氏與俱行。至元十七年，陳吊眼作亂，攻漳州，文興率兵與戰，死之。王氏被掠，義不受辱，乃紿賊曰：「俟吾葬夫，卽汝從也。」賊許之，遂脫，得負屍還，積薪焚之。火旣熾，卽自投火中死。至順三年，事聞，贈文興侯爵，謚曰英烈；〔三〕王氏曰貞烈夫人。有司爲立廟祀之，號「雙節」云。

郎氏，湖州安吉人，宋進士朱甲妻也。朱嘗仕浙東，以郎氏從。至元間，朱歿，郎氏護喪還至玉山里，留居避盜。勢家柳氏欲强聘之，郎誓不從，夜棄裝奉柩遁。柳邀之中道，復死拒，得免。家居，養姑甚謹。姑嘗病，郎禱天，刲股肉進啖而愈。後姑喪，以哀聞。大德十一年，旌美之。

又有東平鄭氏、大寧杜氏、安西楊氏，並少寡守志，割體肉療姑病。

秦氏二女，河南宜陽人，逸其名。父嘗有危疾，醫云不可攻。姊閉戶默禱，鑿己腦和藥進飲，遂愈。父後復病欲絕，妹刲股肉置粥中，父小啜卽甦。

孫氏女，河間人。父病癩十年，女禱于天，求以身代，且吮其膿血，旬月而愈。

許氏女，安豐人。父疾，割股啖之乃痊。

張氏女，盧州人，嫁爲高垕妻。母病目喪明，張氏歸省，抱母泣，以舌舐之，目忽能視。州縣各以狀聞，褒表之。

焦氏，涇陽袁天祐妻也。天祐祖、父始皆從軍役，〔四〕祖母楊氏、母焦氏並家居守志。至元二十三年，天祐復從征死甘州，妻焦氏年少，宗族欲改嫁之。焦氏哭且言曰：「袁氏不幸三世早寡，自祖姑以來，皆守節義，豈可至吾而遂廢乎！吾生爲袁氏婦，死則葬袁氏土爾，終不能改容事他人也。」衆不敢復言。

周氏，澤州人，嫁爲安西張興祖妻。年二十四，興祖歿，舅姑欲使再適，周氏弗從，曰：「妾家祖、父皆早世，妾祖母、妾母並以貞操聞，妾或中道易節，是忘故夫而辱先人也。夫忘故夫不義，辱先人不孝，不孝不義，妾不爲也。」遂居嫠三十年，奉舅姑，生事死葬無違禮。其父與外祖皆無後，葬祭之禮亦周氏主之。有司以聞，並賜旌異。

趙孝婦，德安應城人。早寡，事姑孝。家貧，傭織於人，得美食必持歸奉姑，自啖粗糲不厭。嘗念姑老，一旦有不諱，無由得棺，乃以次子鬻富家，得錢百緡，買杉木治之。棺成，置于家。南鄰失火，時南風烈甚，火勢及孝婦家，孝婦亟扶姑出避，而棺重不可移，乃撫膺大哭曰：「吾爲姑賣兒得棺，無能爲我救之者，苦莫大焉！」言畢，風轉而北，孝婦家得不焚，人以爲孝感所致。

霍氏二婦尹氏、楊氏，夫家鄭州人。至元間，尹氏夫耀卿歿，姑命其更嫁，尹氏曰：「婦之行一節而已，再嫁而失節，妾不忍爲也。」姑曰：「世之婦皆然，人未嘗以爲非，汝獨何耻之有？」尹氏曰：「人之志不同，妾知守妾志爾。」姑不能强。楊氏夫顯卿繼歿，慮姑欲其嫁，卽先白姑曰：「妾聞娣姒猶兄弟也，宜相好焉。今姒既留，妾可獨去乎，願與共修婦道，以終事吾姑。」姑曰：「汝果能若是，吾何言哉！」於是同處二十餘年，以節孝聞。

又有邠州任氏、乾州田氏，皆一家一婦，俱少寡誓不他適，勠力蠶桑，以養舅姑。事聞，並命褒表。

王德政妻郭氏，大名人。少孤，事母張氏孝謹，以女儀聞於鄉。及笄，富貴家慕之，爭求聘，張氏不許。時德政教授里中，年四十餘，貌甚古陋，張氏以貧不能教二子，欲納德政爲婿，使教之。宗族皆不然，郭氏慨然願順母志。既婚，與德政相敬如賓，囑教二弟有成。未幾德政卒，郭氏年方二十餘，勵節自守，甚有貞名。大德間表其家。

只魯花眞，蒙古氏。年二十六，夫忽都病卒，誓不再醮，孝養舅姑。逾二十五年，舅姑歿，塵衣垢面，廬于墓終身。至元間旌之。

其後，又有翼城宋仲榮妻梁氏，舅歿，負土爲墳；懷孟何氏、大名趙氏，並以夫歿守志，養舅姑以壽終，親負土築其墳，高三丈餘。

段氏，隆興霍榮妻也。榮無子，嘗乞人爲養子。榮卒，段氏年二十六，養舅姑以孝稱。舅姑歿，榮諸父仲汶貪其產，謂段曰：「汝子假子也，可令歸宗。汝無子，宜改適，霍氏業汝無預焉。」段曰：「家貲不可計，但再醮非義，尙容妾思之。」卽退入寢室，引針刺面，墨漬之，誓死不貳。大德二年，府上狀中書，給羊酒幣帛，仍命旌門，復役如制。

又有興和吳氏，自刺其面；成紀謝思明妻趙氏，自髠其髮；冀寧田濟川妻武氏、溧水曹子英妻尤氏，嚙指滴血，並誓不更嫁。各以有司爲請旌之。

朱虎妻茅氏，崇明人。大德間，虎官都水監，坐罪籍其家，吏錄送茅氏及二子赴京師。太醫提點師甲乞歸家，欲妻之。茅氏誓死不從，母子三人以裾相結連，晝夜倚抱號哭，形貌銷毀。師知不可奪，釋之。茅氏託居永明尼寺，憂憤不食卒。

聞氏，紹興俞新之妻也。大德四年，新之歿，聞氏年尚少，父母慮其不能守，欲更嫁之。聞氏哭曰：「一身二夫，烈婦所耻。妾可無生，可無耻乎！且姑老子幼，妾去當令誰視也？」即斷髮自誓。父知其志篤，乃不忍强。姑久病風，且失明，聞氏手滌溷穢不怠，時漱口上堂舐其目，目爲復明。及姑卒，家貧，無資傭工，與子親負土葬之，朝夕悲號，聞者慘惻。鄉里嘉其孝，爲之語曰：「欲學孝婦，當問俞母。」

又有劉氏，渤海李伍妻也。少寡，父母使再醮，不從。舅患疽，劉禱于天，數日潰，吮其血，乃愈。既而親挽小車，載舅詣岳祠以答神貺。

馬英，河內人，性孝友。父喪哀毁，二兄繼歿，英獨事母甚謹，又奉二寡嫂與居，使得保全婺節。及喪母，卜地葬諸喪，親負土爲四墳，手植松柏，廬墓側終身。

趙氏女名玉兒，冠州人。嘗許爲李氏婦，未婚夫死，遂誓不嫁，以養父母。父母歿，負土爲墳，鄉里稱孝焉。

馮氏，名淑安，字靜君，大名宦家女，山陰縣尹山東李如忠繼室也。如忠初娶蒙古氏，生子任，數歲而卒。大德五年，如忠病篤，謂馮曰：「吾已矣，其奈汝何？」馮氏引刀斷髮，自誓不他適。如忠歿兩月，遺腹生一子，名伏。

李氏及蒙古氏之族在北，聞如忠歿於官，家多遺財，相率來山陰。馮氏方病，乘間盡取其貲及子任以去。馮不與較，一室蕭然，唯餘如忠及蒙古氏之柩而已。朝夕哭泣，鄰里不忍聞。久之，鬻衣權厝二柩蕺山下，攜其子廬墓側。時年始二十二，羸形苦節，爲女師以自給。父母來視之，憐其孤苦，欲使更事人，馮爪面流血，不肯從。居二十年，始護喪歸葬汶上。齊魯之人聞之，莫不嘆息。

李君進妻王氏，遼陽人。大德八年，君進病卒，卜葬，將發引，親戚鄰里咸會。王氏謂衆曰：「夫婦死同穴，義也。吾得從良人逝，不亦可乎！」因撫棺大慟，嘔血升許，卽仆于地死。衆爲斂之，與夫連柩出葬，送者數百人，莫不灑泣。

移剌氏，同知湖州路事耶律忽都不花妻也。夫歿，割耳自誓。旣葬，廬墓側，悲號不食死。

趙氏名哇兒，大寧人。年二十，夫蕭氏病劇，謂哇兒曰：「我死，汝年少，若之何？」哇兒曰：「君幸自寬，脫有不可諱，妾不獨生，必從君地下。」遂命匠制巨棺。夫歿，卽自經死，家人同棺斂葬焉。

又有雷州朱克彬妻周氏，大都費巖妻王氏、賈哥妻耶律氏，曹州鄭臘兒妻康氏，陝州陳某妻別娥娥，大同宋堅童妻班氏、李安童妻胡氏，晉州劉恕妻趙氏，冀寧王思忠妻張氏，饒州劉楫妻趙氏，東平徐順妻彭氏，大寧趙腓兒妻安氏、陳恭妻張氏、武壽妻劉氏、宋敬先妻謝氏、撒里妻蕭氏，古城魏貴妻周氏，任城郭灰兒妻趙氏，棗陽朱某妻丁氏，葉縣王保子妻趙氏，興州某氏妻魏氏，灤州裴某妻董貴哥，成都張保童妻郝氏，利州高塔必也妻白氏，河南楊某妻盧氏，蒙古氏太朮妻阿不察、相兀孫妻脫脫眞，並以早寡不忍獨生，以死從夫者。事聞，悉命褒表，或賜錢贈謚云。

朱淑信，山陰人。少寡，誓不再嫁。一女妙淨，幼哭父雙目並失明。及長，擇偶者不至，家貧歲凶，母子相依，以苦節自厲。士人王士貴重其孝，乃求娶焉。

葛妙眞，宣城民家女。九歲，聞日者言，母年五十當死，妙眞卽悲憂祝天，誓不嫁，終身齋素，以延母年。母後年八十一卒。

畏吾氏三女，家錢塘。諸兄遠仕不歸，母思之疾，三女欲慰母意，乃共斷髮誓天，終身不嫁以養母，同力侍護四十餘年。母竟以壽終。事上，並賜旌異。

王氏，燕人張買奴妻也。年十六，買奴官錢塘病歿，葬城西十里外。王氏每旦被髮步往奠之，伏墓大慟欲絕，久而致疾。舅姑力止其行，乃已。服闋，舅姑謂之曰：「吾子已歿，新婦年尙少，宜自圖終身計，毋徒淹吾家也。」王氏泣曰：「父母命妾奉箕帚於張氏，今夫不幸早逝，天也。此足豈可復履他人門乎！」固不從。煢居三十年，貞白無少玷。又有馮翊王義妻盧氏、睢陽劉澤妻解氏、東平楊三妻張氏，並守志有節。命旌其門。

張義婦，濟南鄒平人，年十八歸里人李伍。伍與從子零戍福寧，未幾死戍所。張獨家居，養舅姑甚至。父母舅姑病，凡四刲股肉救不懈。及死，喪葬無遺禮。旣而歎曰：「妾夫死數千里外，妾不能歸骨以葬者，以舅姑父母在，無所仰故也。今不幸父母舅姑已死，而夫骨終暴棄遠土，使無妾卽已，妾在，敢愛死乎！」乃臥積冰上，誓曰：「天若許妾取夫骨，雖寒甚，當得不死。」踰月，竟不死。鄉人異之，乃相率賵以錢，大書其事于衣以行。行四十日，至福寧，見零，問夫葬地，則榛莽四塞，不可識。張哀慟欲絕。夫忽降于童，言動無異其生時，告張死時事，甚悲，且指示骨所在處。張如其言發得之，持骨祝曰：「爾信妾夫耶？入口當如冰雪，黏如膠。」已而果然。官義之，上于大府，使零護喪還，給錢使葬，仍旌門，復其役。

丁氏，新建鄭伯文妻也。大德間，伯文病將歿，丁氏與訣曰：「妾自得侍巾櫛，誓與偕老。君今不幸疾若是，脫有不諱，妾當從。但君父母已老，無他子婦侍養，妾苟復自亡，使君父母食不甘味，則君亦不瞑目矣。妾且忍死，以奉其餘年，必不改事他人，以負君於冥冥也。」伯文卒，丁氏年二十七，居喪哀毀。服既除，父母屢議奪嫁之，丁氏每聞必慟哭曰：「妾所以不死者，非苟生有他志也，與良人約，將以事舅姑耳。今舅姑在堂固無恙，妾可棄去而不信於良人乎！」父遂止。舅姑嘗病，丁氏夙夜護視，衣不解帶。及死，喪葬盡禮。事上，表其門。

白氏，太原人。夫慕釋氏道，棄家爲僧。白氏年二十，留養姑不去，服勤績紝，以供租賦。夫一日還，迫使他適，白斷髮誓不從，夫不能奪，乃去。姑年九十卒，竭力營葬，畫姑像祀之終身。

趙美妻王氏，內黃人。至治元年，美溺水死，王氏誓守志，舅姑念其年少無子，欲使更適人。王氏曰：「婦義無再醮，且舅姑在，妾可棄而去耶！」舅姑乃欲以族姪與繼婚，王氏拒不從。舅姑迫之力，王氏知不免，卽引繩自經死。

李冬兒，甄城人，丁從信妻也。年二十三，從信歿，服闋，父母呼歸問之，曰：「汝年少居孀，又無子，何以自立，吾爲汝再擇壻何如？」冬兒不從，詣從信冢哭，欲縊墓樹上，家人防之，不果。日暮還從信家，夜二鼓，入室更新衣，自經死。

李氏，濱州惠高兒妻也。年二十六，高兒歿，父欲奪歸嫁之，李氏不從，自縊而死。

脫脫尼，雍吉剌氏，有色，善女工。年二十六，夫哈剌不花卒。前妻有二子皆壯，無婦，欲以本俗制收繼之，脫脫尼以死自誓。二子復百計求遂，脫脫尼恚且罵曰：「汝禽獸行，欲妻母耶，若死何面目見汝父地下？」二子慚懼謝罪，乃析業而居。三十年以貞操聞。

王氏，成都李世安妻也。年十九，世安卒，夫弟世顯欲收繼之。王氏不從，引刃斷髮，復自割其耳，創甚。親戚驚嘆，爲醫療百日乃愈。狀上，並旌之。

趙彬妻朱氏，名錦哥，洛陽人也。天曆初，西兵掠河南，朱氏遇兵五人，被執，逼與亂。朱氏拒曰：「我良家婦，豈從汝賊耶！」兵怒，提曳箠楚之。朱氏度不能脫，卽紿謂之曰：「汝幸釋我，舍後井傍有瘞金，當發以遺汝。」兵信之，乃隨其行。朱氏得近井，卽抱三歲女踴身赴井中死。

是歲，又有偃師王氏女名安哥，從父避兵印山丁家洞。兵入，搜得之，見安哥色美，驅使出，欲污之。安哥不從，投澗死。有司言狀，並表其廬。

貴哥，蒙古氏，同知宣政院事羅五十三妻也。天曆初，五十三得罪，貶海南，籍其家，詔以貴哥賜近侍卯罕。卯罕親率車騎至其家迎之。貴哥度不能免，令婢僕以飲食延卯罕於聽事，如厩自經死。

臺叔齡妻劉氏，順寧人也。粗知書，克修婦道。一日地震屋壞，壓叔齡不能起，家復失火，叔齡母前救不得，欲就焚。叔齡望見，呼曰：「吾已不可得出，當亟救吾母。」劉謂夫妹曰：「汝救汝母，汝兄必死，吾不用復生矣。」卽自投火中死。火滅，家人得二屍燼中，猶手相握不開。官嘉其烈，上于朝，命錄付史臣。

李智貞，建寧浦城人。父子明，無子。智貞七歲能讀書。九歲母病，調護甚謹。及卒，哀慟欲絕，不茹葷三年，治女工供祭祀，及奉父甘旨不乏，鄉里稱爲孝女。父嘗許爲鄭全妻，未嫁，從父客邵武。邵武豪陳良悅其慧，强納采求聘，智貞斷髮拒之，且數自求死，良不能奪，卒歸全。事舅姑父母皆有道。泰定間，全病歿，智貞悲泣不食，數日而死。

蔡三玉，龍溪陳端才妻也。盜起漳州，掠龍溪，父廣瑞與端才各竄去，三玉獨偕夫妹出避鄰祠中。盜入，斫夫妹，見三玉美，不忍傷，與里婦歐氏同驅納舟中。行至柳營江，迫妻之，三玉佯許諾，因起更衣，自投江水而死。越三日，屍流至廣瑞舟側，廣瑞識爲女，收斂之。歐氏脫歸言狀，有司高其操，爲請表之。乃命旌門復役，仍給錢以葬。

校勘記

〔一〕（崔氏至蔡三玉）　據本書體例删。

〔二〕周氏（灤平）〔平灤〕石城人　據本書卷五八地理志改正。

〔三〕贈文興侯爵謚曰英烈　本書卷三八順帝紀元統二年五月條及揭文安集卷一二雙節廟碑均載闞文興贈英毅侯，王圻續文獻通考節義考、類編皆從之。疑「烈」當作「毅」。

〔四〕天祐祖父始皆從軍役　按下文有「三世早寡，自祖姑以來，皆守節義」，可知袁天祐祖、父皆從軍死。道光本從類編改「從軍役」爲「從軍歿」。

元史卷二百一

列傳第八十八

列女二

武用妻蘇氏，眞定人，徙家京師。用疾，蘇氏刲股爲粥以進，疾即愈。生子德政，四歲而寡。夫之兄利其資，欲逼而嫁之，不聽。未幾夫兄舉家死，惟餘三弱孫，蘇氏取而育之。德政長，事蘇氏至孝。蘇氏死時，天大旱，德政方掘地求水以供葬事，忽二蛇躍出，德政因默禱焉。二蛇一東一北，隨其地掘之，果得泉。有司上其事，旌復其家。

任仲文妻林氏，寧海人。家甚貧，年二十八而寡。姑患風疾，不良於行，林氏旦暮扶侍惟謹，撫育三子皆有成。年一百三歲而卒。

江文鑄妻范氏，名妙元，奉化人，年二十一歸于江。及門，未合巹，夫忽以痼疾卒。范曰：「我旣入江氏之門，卽江氏婦也，豈以夫亡有異志哉！」遂居江氏之家，撫諸姪江森、江道如己子。卒年九十五。

有柳氏者，薊郡人，爲戶部主事趙野妻。未成婚而野卒，柳哭之盡哀，誓不再嫁。其兄將奪其志，柳曰：「業已歸趙氏，雖未成婚，而夫婦之禮已定矣。雖凍餓死，豈有他志哉！」後寢疾，不肯服藥，曰：「我年二十六而寡，今已逾半百，得死此疾幸矣。」遂卒。

姚氏，餘杭人，居山谷間。夫出刈麥，姚居家執爨。母何氏往汲澗水，久而不至。俄聞覆水聲，亟出視，則虎啣其母以走。姚倉卒往逐之，卽以手毆其脅，鄰人競執器械以從，虎乃置之而去。姚負母以歸，求藥療之，奉養二十餘年而卒。

又方寧妻官勝娘者，建寧人。寧耨田，勝娘饁之，見一虎方攫其夫，勝娘卽棄饁奮梃連擊之，虎舍去，勝娘負夫至中途而死。有司以聞，爲旌復其家。

衣氏，汴梁儒士孟志剛妻。志剛卒，貧而無子，有司給以棺木。衣氏給匠者曰：「可寬大其棺，吾夫有遺衣服，欲盡置其中。」匠者然之。是夕，衣氏具鷄黍祭其夫，家之所有悉散之鄰里及同居王媼，曰：「吾聞一馬不被兩鞍，吾夫旣死，與之同棺共穴可也。」遂自剄死。

有侯氏者，鈞州曹德妻。德病死，侯氏語人曰：「年少夫亡，婦人之不幸也。欲守吾志，而亂離如此，其能免乎！」遂縊死於墓。

又周經妻吳氏、郭惟辛妻郝氏、陳輝妻白氏、張頑住妻杜氏、程二妻成氏、李貞妻武氏、暗都剌妻張氏，並〔以夫死，不〕忍獨生，〔〕自縊而死。

事聞，咸旌異之。

湯煇妻張氏，處州龍泉人。會兵亂，其家財先已移入山寨，夫與姑共守之。舅以疾未行，張歸任藥膳，且以輿自隨。旣而賊至，卽命以輿載其舅，而己遇賊，賊以刀脅之曰：「從我則生，否則死。」張掠髮整衣請受刃，賊未忍殺，張懼污，卽奪其刃自剄死，年二十七。

又湯婍者，亦龍泉人，有姿容。賊殺其父母，以刃脅之。婍不勝悲咽，乞早死，因以頭觸刃。賊怒，斫殺之。其妹亦不受辱而死。

兪士淵妻童氏，嚴州人。姑性嚴，待之寡恩，童氏柔順以事之，無少拂其意者。至正十三年，賊陷威平，官軍復之，已乃縱兵剽掠。至士淵家，童氏以身蔽姑，衆欲污之，童氏大罵不屈。一卒以刀擊其左臂，愈不屈。又一卒斷其右臂，駡猶不絕。衆乃皮其面而去，明日乃死。

張氏女，高郵人。城亂，賊知張女有姿艷，叩其家索之。女方匿複宇間，賊將害其父母，女不得已乃出拜賊。賊卽伏地呼其父母爲丈人媪，而以女行，女欣欣然從之。過橋，投水死。

有高氏婦者，同郡人也。攜其女從夫出避亂，見道旁空舍，入其中，脫金纏臂與女，且語夫，令疾行。夫挈女稍遠，乃解足紗自經。賊至，焚其舍。夫抵儀眞，夜夢婦來告曰：「我已縊死彼舍矣。」其精爽如此。

惠士玄妻王氏，大都人。至正十四年，士玄病革，王氏曰：「吾聞病者糞苦則愈。」乃嘗其糞，頗甘，王氏色愈憂。士玄囑王氏曰：「我病必不起，前妾所生子，汝善保護之。待此子稍長，卽從汝自嫁矣。」王氏泣曰：「君何爲出此言耶！設有不諱，妾義當死，尙復有他說乎。君幸有兄嫂，此兒必不失所居。」數日，士玄卒。比葬，王氏遂居墓側，蓬首垢面，哀毀逾禮，常以妾子置左右，飮食寒暖惟恐不至。歲餘，妾子亦死，乃哭曰：「無復望矣。」屢引刀自殺。

家人驚救，得免。至終喪，親舊皆擕酒禮祭士玄于墓。祭畢，衆欲行酒，王氏已經死於樹矣。

又有王氏者，良鄉費隱妻也。隱有疾，王氏數嘗其糞。及疾篤，囑王氏曰：「我一子一女，雖妾所生，無異汝所出也。我死，汝其善撫育之。」遂歿。王氏居喪，撫其子女。既而子又死。服除，謂其親屬曰：「妾聞夫乃婦之天，今夫已死，妾生何爲！」乃執女手，語之曰：「汝今已長，稍知人事，管鑰在此，汝自司之。」遂相抱慟哭。是夜，縊死於園中。

李景文妻徐氏，名彩鸞，字淑和，浦城徐嗣源之女。略通經史，每誦文天祥六歌，必爲之感泣。至正十五年，靑田賊寇浦城，徐氏從嗣源逃旁近山谷。賊持刀欲害嗣源，徐氏前曰：「此吾父也，寧殺我。」賊舍父而止徐氏。徐氏語父曰：「兒義不受辱，今必死，父可速去。」賊拘徐氏至桂林橋，拾炭題詩壁間，有「惟有桂林橋下水，千年照見妾心淸」之句。乃厲聲罵賊，投于水。賊競出之。旣而乘間復投水死。

周婦毛氏，松陽人，美姿色。至正十五年，隨其夫避亂麻鷺山中，爲賊所得。脅之曰：「從我多與若金，否則殺汝。」毛氏曰：「寧剖我心，不願汝金。」賊以刀磨其身，毛氏因大詈曰：「碎咼賊，汝碎則臭，我碎則香。」賊怒，刳其腸而去，年二十九。

丁尚賢妻李氏，汴梁人。年二十餘，有姿容。至正十五年，賊至，欲虜之。李氏怒曰：「吾家六世義門，豈能從賊以辱身乎！」於是闔門三百餘口，俱被害。

李順兒者，許州儒士李讓之女也。性聰慧，頗涉經傳，年十八，未嫁。至正十五年，賊陷鈞州，密邇許昌。父謂其母曰：「吾家以詩禮相傳，此女必累我。」女聞之，泣曰：「父母可自逃難，勿以我爲憂。」須臾於後園內自經而死。

吳守正妻禹氏，名淑（靖）〔靜〕，〔三〕字素淸，紹興人。至正十六年，徙家崇德之石門。淑（靖）〔靜〕嘗從容謂守正曰：「方今羣盜蜂起，萬一不測，妾惟有死而已，不使人汚此身也。」是年夏，盜陷崇德，淑（靖）〔靜〕倉皇攜八歲女登舟以避。有盜數輩奔入其舟，將犯淑（靖）〔靜〕，淑（靖）〔靜〕乃抱幼女投河死。

黃仲起妻朱氏，杭州人。至正十六年，張士誠寇杭州，其女臨安奴倉皇言曰：「賊至矣，我別母求一死也。」俄而賊驅諸婦至其家，且指朱氏母子曰：「爲我看守，日暮我當至也。」朱氏聞之，懼受辱，遂與女俱縊死。

妾馮氏，見其母子已死，嘆曰：「我生何爲，徒受辱耳！」亦自縊死。繼而仲起弟妻蔡氏，抱幼子玄童，與乳母湯氏皆自縊。及暮賊至，見諸屍滿室，執仲起將殺之，哀求得脫。賊遂盡掠其家財而去。

焦士廉妻王氏，博興人，養姑至孝。至正十七年，毛貴作亂，官軍競出虜掠。王氏被執，紿曰：「我家墓田有藏金，可共取也。」信之，隨王氏至墓所。王氏哭曰：「我已得死所矣，實無藏金，汝可於此殺我。」乃與妾杜氏皆遇害。

又有趙氏者，〔三〕平陽人，年二十，未嫁。寇亂，趙被驅迫以行，度不能免，紿賊曰：「吾取所藏金以遺汝。」賊信之，遂還，投于厠而死。

陳淑眞富州陳璧之女。璧故儒者，避亂移家龍興。淑眞七歲能誦詩鼓琴。至正十八年，陳友諒寇龍興，淑眞見鄰嫗倉皇來告，乃取琴坐牖下彈之。曲終，泫然流涕曰：「吾絕絃於斯乎！」父母怪，問之，淑眞曰：「城陷必遭辱，不如早死。」明日賊至，其居臨東湖，遂溺焉。

水淺不死，賊抽矢脅之上岸，淑眞不從，賊射殺之。

時同郡李宗頤妻夏氏，名婉常，亦儒家女。與女匿居後圃中，賊至，挾其女共投井死。

秦閏夫妻柴氏，晉寧人。閏夫前妻遺一子尚幼，柴氏鞠如己出。未幾柴氏有子，閏夫病且死，囑柴氏曰：「我病不復起，家貧，惟二幼子，汝能撫其成立，我死亦無憾矣。」閏夫死，家事日微，柴氏辛勤紡績，遣二子就學。

至正十八年，賊犯晉寧，其長子爲賊驅迫，在圍中，旣而得脫。初在賊時，有惡少與張福爲仇，往滅其家。及官軍至，福訴其事，事連柴氏長子，法當誅。柴氏引次子詣官泣訴曰：「往從惡者，吾次子，非吾長子也。」次子曰：「我之罪可加於兄乎！」鞫之至死不易其言。官反疑次子非柴氏所出，訊之他囚，始得其情。官義柴氏之行，爲之言曰：「婦執義不忘其夫之命，子趨死而能成母之志，此天理人情之至也。」遂釋免其長子，而次子亦得不死。時人皆以爲難。二十四年，有司上其事，旌其門而復其家。

也先忽都，蒙古欽察氏，大寧路達魯花赤鐵木兒不花之妻，以夫恩封雲中郡君。夫坐事免官，居大寧。至正十八年，紅巾賊至，也先忽都與妾玉蓮走尼寺中，爲賊所得，令與衆婦縫衣，拒不肯爲。賊嚇以刃，也先忽都罵曰：「我達魯花赤妻也，汝曹賊也，我不能爲針工以從賊。」賊怒殺之。玉蓮因自縊者凡三，賊併殺之。

先是，其子完者帖木兒，年十四，與父出城，見執于賊。完者拜哭，請以身代父死。賊愛完者姿秀，遂挈以從。久之，乃獲脫歸，訪母屍幷玉蓮葬焉。

呂彥能者，陵州人。至正十八年，賊犯陵州，彥能與家人謀所往。其姊久嫠居，寓彥能家，先曰：「我喪夫二十年，又無後，不死何爲！苟辱身，則辱吾弟矣。」赴井死。其妻劉氏語彥能曰：「妾爲君家婦二十八年，茲不幸逢亂離，必不負君，君可自往，妾入井矣。」彥能二女及子婦王氏、二孫女，皆隨劉氏溺井。一門死者七人。

劉公翼妻蕭氏，濟南人，有姿色，頗通書史。至正十八年，聞毛貴兵將壓境，豫與夫謀曰：「妾詩書家女，誓以冰雪自將，儻城陷被執，悔將何追？妾以二子一女累君，去作淸白鬼於泉下耳！」夫曰：「事未至，何急於此！」居亡何，城陷，蕭解絛自縊死。

袁氏孤女，建康路溧水州人，年十五。其母嚴氏，孀居極貧，病癱瘓臥于床者數年，女事母至孝。至正十二年，兵火延其里，鄰婦强攜女出避火，女泣曰：「我何忍舍母去乎，同死而已！」遂入室抱母，共焚而死。

徐允讓妻潘氏，名妙圓，山陰人。至正十九年，與其夫從舅避兵山谷間。舅被執，夫泣以救舅脫，夫被兵所殺，欲强辱潘氏。潘氏因紿之曰：「我夫既死，我從汝必矣。若能焚吾夫，可無憾也。」兵信之，聚薪以焚其夫。火既熾，潘氏且泣且語，遂投火以死。

又諸暨蔡氏者，王琪妻也。至正二十二年，張士誠陷諸暨，蔡氏避之長寧鄉山中，兵猝至，有造紙鑊方沸，遂投其中而死。

趙洙妻許氏，集賢大學士有壬之姪女也。至正十九年，紅巾賊陷遼陽，洙時爲儒學提舉，夫婦避亂匿資善寺。洙以叱賊見害，許氏不知也。賊甘言誘許氏，令指示金銀之處，許氏大言曰：「吾詩書冠冕故家，不幸遇難，但知守節而死，他皆不知也。」賊以刃脅之，許氏色不變。已而知其夫死，因慟哭仆地，罵聲不絕口，且曰：「吾母居武昌，死于賊，吾女兄弟亦死賊，今吾夫又死焉。使我得報汝，當醢汝矣。」遂遇害。寺僧見許氏死狀，哀其貞烈，賊退與洙合葬之。

張正蒙妻韓氏，紹興人。正蒙嘗爲湖州德清稅務提領。至正十九年，紹興兵變，正蒙謂韓氏曰：「吾爲元朝臣子，於義當死。」韓氏曰：「爾果能死於忠，吾必能死於節。」遂俱縊死。其女池奴，年十七，泣曰：「父母既死，吾何以獨生！」亦投崖而死。

又何氏者，處之龍泉縣季銳妻也。因避兵于邑之繩門巖，賊至，何氏被執。欲污之，乃與子榮兒、女回娘投崖而死。

劉氏二女，長曰貞，年十九；次曰孫，年十七。龍興人，皆未許嫁。陳友諒寇龍興，其母泣謂二女曰：「城或破，置汝何所？」二女曰：「寧死不辱父母也。」城陷，二女登樓，相繼自縊。婢鄭奴，亦自縊。

于同祖妻曹氏，茶陵人。父德夫，教授湖、湘間，同祖在諸生中，因以女妻焉。至正二十年，茶陵陷，曹氏聞婦女多被驅逐，謂其夫及子曰：「是尙可全生乎！我義不辱身，以累汝也。顧舅年老，汝等善事之。」遂自剄死。妾李氏驚，抱持之不得，亦引刀自剄，絕而復蘇，曰：「得從小君地下足矣。」是夕死。

李仲義妻劉氏，名翠哥，房山人。至正二十年，縣大饑，平章劉哈剌不花兵乏食，執仲義欲烹之。仲義弟馬兒走報劉氏，劉氏遽往救之，涕泣伏地，告於兵曰：「所執者是吾夫也，乞矜憐之，貸其生，吾家有醬一甕、米一斗五升，窖于地中，可掘取之，以代吾夫。」兵不從，劉氏曰：「吾夫瘦小，不可食。吾聞婦人肥黑者味美，吾肥且黑，願就烹以代夫死。」兵遂釋其夫而烹劉氏。聞者莫不哀之。

李弘益妻申氏，冀寧人。至正二十年，賊陷冀寧，申語弘益曰：「君當速去，勿以我婦人相累。若賊入吾室，必以妾故害及君矣。」言訖，投井死。

弘益既免於難，再娶安氏。居二歲而弘益以疾卒，安氏時年三十，泣謂諸親曰：「女子一適人，終身不改。不幸夫死，雖生亦何益哉！」乃竊入寢室，膏沐薰裳，自縊于柩側。

鄭琪妻羅氏，名妙安，信州弋陽人。幼聰慧，能暗誦列女傳。年二十，歸琪。琪家世宦族，同居百餘口，羅氏執婦道無間言。琪以軍功擢鉛山州判官，羅氏封宜人。至正二十年，信州陷。羅氏度弋陽去州不遠，必不免於難，輒取所佩刀淬礪，令銛甚。琪問何爲，對曰：

「時事如此，萬一遇難，爲自全計耳。」已而兵至，羅氏自刎死，時年二十九。

周如砥女，年十九，未適人。至正二十年，鄉民作亂，如砥與女避于邑西之客僧嶺，女爲賊所執。賊曰：「吾未娶，當以汝爲妻。」女曰：「我周典史女也，死即死，豈能從汝耶！」賊遂殺之。如砥時爲紹興新昌典史。

狄恒妻徐氏，天台人。恒早沒，徐氏守節不再醮。至正二十年，鄉民爲亂，避難于牛囤山，爲賊所執，驅迫以前。徐紿之曰：「吾渴甚，欲求水一杯。」賊令自汲，即投井而死，時年十八。

柯節婦陳氏者，長樂石粱人。至正二十一年，海賊劫石粱，其夫適在縣郭。陳氏出避賊，道與賊遇，被執以行。陳氏且行且罵，賊亂捶之，挾以登舟，罵不已，忽振厲自投江中。其父方臥病，見其女至，呼之不應，駭曰：「吾豈夢耶！」既而有自賊中歸者，言陳氏死狀，乃知其鬼也。明日屍逆流而上，止石粱岸傍。時盛暑，屍已變，其夫驗其背有黑子，乃慟哭曰：「是吾妻也！」舁歸斂之。

李馬兒妻袁氏，瑞州人。至正二十二年，李病歿，袁氏年十九，誓不再嫁，以養舅姑。有王成者，聞袁氏有姿色，挾勢欲娶之，袁氏曰：「吾聞烈女不更二夫，寧死不失身也。」遂往夫墓痛哭，縊死樹下。

王士明妻李氏，名賽兒，房山人。至正二十五年，竹貞軍至縣，李氏及其女李家奴皆被執。士明隨至軍，軍怒逐之。李氏謂其女曰：「汝父旣爲軍所逐，吾與汝必不得脫。與其受辱，不若死。」女曰：「母先殺我。」李氏卽以軍所遺鐶刀殺其女，遂自殺。竹貞聞之，爲之葬祭，仍書其門曰「王士明妻李氏貞節之門」。有司上其事，爲樹碑焉。

陶宗媛，台州人，儒士杜思絅妻也。歸杜四載而夫亡，矢志守節。台州被兵，宗媛方居姑喪，忍死護柩，爲游軍所執，迫脅之，媛曰：「我若畏死，豈留此耶！任汝殺我，以從姑于地下爾！」遂遇害。

其妹宗婉，弟妻王淑，亦皆赴水死。

高麗氏，宣慰副使孛羅帖木兒妻也。至正二十七年十二月，其夫死於兵，謂人曰：「夫既死矣，吾安能復事人乎！」乃積薪塞戶，以火自焚而死。

張訥妻劉氏，藍田人。訥爲監察御史，早卒，劉守志不二。河東受兵，劉氏二子衡、衎俱以事出外，度不能自脫，遂與二婦孫氏、姚氏決死，盡發貲囊分給家人，婦姑同縊焉。

有華氏者，大同張思孝妻，爲貊高兵所執，以不受辱見殺。其婦劉氏，僵壓姑屍，大罵不已，兵併殺之。後家人殮其屍，婦姑之手猶相持不捨。

觀音奴妻卜顏的斤，蒙古氏，宗王黑閭之女。大都被兵，卜顏的斤謂其夫曰：「我乃國族，且年少，必不容於人，豈惜一死以辱家國乎！」遂自縊而死。

時張棟妻王氏語家人曰：「吾爲狀元妻，義不可辱。」赴井死。其姑哭之慟，亦赴井死。

安志道妻劉氏，順州人。志道及劉氏之弟明理，並登進士第。劉氏避兵匿岩穴中，軍至，欲污之，劉氏曰：「我弟與夫皆進士也，我豈受汝辱乎！」軍士以兵磨其體，劉大罵不輟聲，軍怒，乃鉤斷其舌，含糊而死。

宋謙妻趙氏，大都人。兵破大都，趙氏子婦溫氏、高氏，孫婦高氏、徐氏，皆有姿色，合謀曰：「兵且至矣，我等豈可辱身以苟全哉！」趙卽自經死，諸婦四人，諸孫男女六人，衆妾三人，皆赴井而死。

齊闞妻劉氏，河南人。闞應募爲千夫長，戰死澤、潞間。劉氏貧無所依，守志不奪。有來强議婚者，劉氏紿曰：「吾三月三日有心願，償畢，當從汝所言。」是日，徑往彰德天寧寺，登浮圖絕頂，祝天曰：「妾本河南名家劉氏女，遭世亂，適湖南齊闞爲妻。今夫已死，不敢失節也。」遂投地而死。

王宗仁妻宋氏，進士宋褧之女也。宗仁家永平。永平受兵，宋氏從夫避于鏵子山。夫婦爲軍所虜，行至玉田縣，有窺宋氏色美欲害宗仁者，宋氏顧謂夫曰：「我不幸至此，必不以身累君。」言訖，遂攜一女投井死，時年二十九。

王履謙妻齊氏，太原人。治家嚴肅，克守婦道。至正十八年，賊陷太原，齊氏與二婦蕭氏、呂氏及二女避難於趙莊石巖。賊且至，度不能免，顧謂二女曰：「汝家五世同居，號爲清白，豈可虧節辱身以苟生哉！」長女曰：「吾夫已死，今爲未亡人，得死爲幸。」呂氏曰：「吾爲中書左丞之孫，義不受辱。」齊氏大哭，乃與二婦二女及二孫女，俱投巖下以死。

王時妻安氏，名正同，磁州人，平章政事祐孫女也。至正十九年，時以參知政事分省太原，安氏從之。二十年，賊兵寇太原，城陷，衆皆逃，安氏與其妾李氏同赴井死。事聞，贈梁國夫人，謚莊潔。

徐猱頭妻岳氏，大都人。兵入都城，岳氏告其夫曰：「我等恐被驅逐，將奈何其？」夫曰：「事急，惟有死耳，何避也。」遂火其所居，夫婦赴火以死。其母王氏、二女一子，皆抱持赴火死。

金氏，詳定使四明程徐妻也。京城既破，謂其女曰：「汝父出捍城，我三品命婦，汝儒家女又進士妻，不可受辱。」抱二歲子及女赴井死。

汪琰妻潘氏，徽州婺源人。年二十八而琰卒，潘氏誓不他適，以其夫從兄之子元圭爲後。元圭時始三歲，鞠之不啻己出。潘氏卒年六十二。元圭之子良㕑，有子燕山。燕山卒時，妻李氏年二十四，無子，乃守志自誓，父母欲奪而嫁之，不聽。燕山兄子惟德，娶俞氏，惟德早死，二子甚幼，俞氏守節辛勤，不墜家業。故人賢汪氏之門，而稱曰三節。

同郡歙縣吳子恭之妻蔣氏，年二十八而夫亡，孀居五十年，年七十八卒。至正十四年，旌表門閭。

校勘記

〔一〕並〔以夫死不〕忍獨生　原空闕四字，從道光本補。

〔二〕禹氏名淑〔靖〕〔靜〕　據王忠文公集卷一七禹烈婦傳改。下同。類編已校。

〔三〕趙氏者平陽人年二十未嫁　未嫁之女，當稱某氏女。王圻續文獻通考卷七五節義考作「趙氏女」。

元史卷二百二

列傳第八十九

釋老

釋、老之教，行乎中國也，千數百年，而其盛衰，每繫乎時君之好惡。是故，佛於晉、宋、梁、陳，黃、老于漢、魏、唐、宋，而其效可覩矣。元興，崇尚釋氏，而帝師之盛，尤不可與古昔同語。維道家方士之流，假禱祠之說，乘時以起，曾不及其什一焉。宋舊史嘗志老、釋，厥有旨哉。乃本其意，作釋老傳。

帝師八思巴者，土番薩斯迦人，族款氏也。相傳自其祖朶栗赤，以其法佐國主霸西海者十餘世。八思巴生七歲，誦經數十萬言，能約通其大義，國人號之聖童，故名曰八思巴。少長，學富五明，故又稱曰班彌怛。歲癸丑，年十有五，謁世祖于潛邸，與語大悅，日見親禮。

中統元年，世祖卽位，尊爲國師，授以玉印。命製蒙古新字，字成上之。其字僅千餘，其母凡四十有一。其相關紐而成字者，則有韻關之法；其以二合三合四合而成字者，則有語韻之法；而大要則以諧聲爲宗也。至元六年，詔頒行於天下。詔曰：「朕惟字以書言，言以紀事，此古今之通制。我國家肇基朔方，俗尚簡古，未遑制作，凡施用文字，因用漢楷及畏吾字，以達本朝之言。考諸遼、金，以及遐方諸國，例各有字，今文治寖興，而字書有闕，於一代制度，實爲未備。故特命國師八思巴創爲蒙古新字，譯寫一切文字，期於順言達事而已。自今以往，凡有璽書頒降者，並用蒙古新字，仍各以其國字副之。」遂升號八思巴曰大寶法王，更賜玉印。

十一年，請告西還，留之不可，乃以其弟亦憐眞嗣焉。十六年，八思巴卒，〔一〕計聞，賻贈有加，賜號皇天之下一人之上〔開教〕宣文輔治大聖至德普覺眞智佑國如意大寶法王、〔二〕西天佛子、大元帝師。至治間，特詔郡縣建廟通祀。泰定元年，又以繪像十一，頒各行省，爲之塑像云。

亦憐眞嗣爲帝師，凡六歲，至元十九年卒。答兒麻八剌（乞列）〔剌吉塔〕嗣，〔三〕二十三年卒。亦攝思連眞嗣，三十一年卒。乞剌斯八斡節兒嗣，成宗特造寶玉五方佛冠賜之。元貞元年，又更賜雙龍盤紐白玉印，文曰「大元帝師統領諸國僧尼中興釋教之印」。大德七年卒。明年，以輦真監藏嗣，又明年卒。（都）〔相〕家班嗣，〔四〕皇慶二年卒。相兒加思〔巴〕嗣，〔五〕延祐元年卒。二年，以公哥羅古羅思監藏班藏卜嗣，至治三年卒。旺出兒監藏嗣，泰定二年卒。公哥列思八沖納思監藏班藏卜嗣，賜玉印，降璽書諭天下，其年卒。天曆二年，以輦真吃剌失思嗣。

八思巴時，又有國師膽巴者，一名功嘉葛剌思，西番突甘斯旦麻人。幼從西天竺古達麻失利傳習梵祕，得其法要。中統間，帝師八思巴薦之。時懷孟大旱，世祖命禱之，立雨。又嘗咒食投龍湫，頃之奇花異果上尊湧出波面，取以上進，世祖大悅。至元末，以不容於時相桑哥，力請西歸。既復召還，謫之潮州。時樞密副使月的迷失鎮潮，而妻得奇疾，膽巴以所持數珠加其身，卽愈。又嘗爲月的迷失言異夢及己還朝期，後皆驗。

元貞間，海都犯西番界，成宗命禱于摩訶葛剌神，已而捷書果至；又爲成宗禱疾，遄愈；賜與甚厚，且詔分御前校尉十人爲之導從。成宗北巡，命膽巴以象輿前導。過雲州，語諸弟子曰：「此地有靈怪，恐驚乘輿，當密持神咒以厭之。」未幾，風雨大至，衆咸震懼，惟幄殿無虞，復賜碧鈿盃一。大德七年夏，卒。皇慶間，追號大覺普惠廣照無上膽巴帝師。〔六〕

其後又有必蘭納識里者，初名只剌瓦彌的理，北庭感木魯國人。幼熟畏兀兒及西天書，長能貫通三藏暨諸國語。大德六年，奉旨從帝師授戒於廣寒殿，代帝出家，更賜今名。皇慶中，命繙譯諸梵經典。延祐間，特賜銀印，授光祿大夫。

是時諸番朝貢，表牋文字無能識者，皆令必蘭納識理譯進。嘗有以金刻字爲表進者，帝遣視之，廷中愕眙，觀所以對。必蘭納識理隨取案上墨汁塗金葉，審其字，命左右執筆，口授表中語及使人名氏，與貢物之數，書而上之。明日，有司閱其物色，與所齎重譯之書無少差者。衆無不服其博識，而竟莫測其何所從授，或者以爲神悟云。授開府儀同三司，仍賜三臺銀印，兼領功德使司事，厚其廩餼，俾得以養母焉。

至治三年，改賜金印，特授沙(律)〔津〕愛護持，〔七〕且命爲諸國引進使。至順二年，又賜玉印，加號普覺圓明廣照弘辯三藏國師。三年，與安西王子月魯帖木兒等謀爲不軌，坐誅。其所譯經，漢字則有楞嚴經，西天字則有大乘莊嚴寶度經、乾陀般若經、大涅槃經、稱讚大乘功德經，西番字則有不思議禪觀經，通若干卷。

元起朔方，固已崇尚釋教。及得西域，世祖以其地廣而險遠，民獷而好鬬，思有以因其俗而柔其人，乃郡縣土番之地，設官分職，而領之於帝師。乃立宣政院，其爲使位居第二者，必以僧爲之，出帝師所辟舉，而總其政於內外者，帥臣以下，亦必僧俗並用，而軍民通攝。於是帝師之命，與詔敕並行於西土。百年之間，朝廷所以敬禮而尊信之者，無所不用其至。雖帝后妃主，皆因受戒而爲之膜拜。正衙朝會，百官班列，而帝師亦或專席於坐隅。且每帝卽位之始，降詔褒護，必敕章佩監絡珠爲字以賜，蓋其重之如此。其未至而迎之，則中書大臣馳驛累百騎以往，所過供億送迎。比至京師，則敕大府假法駕半仗，以爲前導，詔省、臺、院官以及百司庶府，並服銀鼠質孫。用每歲二月八日迎佛，威儀往迓，且命禮部尙書、郎中專督迎接。及其卒而歸葬舍利，又命百官出郭祭餞。大德九年，專遣平章政事鐵木兒乘傳護送，賻金五百兩、銀千兩、幣帛萬匹、鈔三千錠。皇慶二年，加至賻金五千兩、銀一萬五千兩、錦綺雜綵共一萬七千匹。雖其昆弟子姓之往來，有司亦供億無乏。泰定間，以帝師弟公哥亦思監將至，詔中書持羊酒郊勞；而其兄瑣南藏卜遂尙公主，封白蘭王，賜金印，給圓符。其弟子之號司空、司徒、國公，佩金玉印章者，前後相望。

爲其徒者，怙勢恣睢，日新月盛，氣焰熏灼，延于四方，爲害不可勝言。有楊璉眞加者，世祖用爲江南釋敎總統，發掘故宋趙氏諸陵之在錢唐、紹興者及其大臣冢墓凡一百一所；戕殺平民四人；受人獻美女寶物無算；且攘奪盜取財物，計金一千七百兩、銀六千八百兩、玉帶九、玉器大小百一十有一、雜寶貝百五十有二、大珠五十兩、鈔一十一萬六千二百錠、田二萬三千畝；私庇平民不輸公賦者二萬三千戶。他所藏匿未露者不論也。

又至大元年，上都開元寺西僧强市民薪，民訴諸留守李璧。璧方詢問其由，僧已率其黨持白梃突入公府，隔案引璧髮，捽諸地，捶撲交下，拽之以歸，閉諸空室，久乃得脫，奔訴于朝，遇赦以免。二年，復有僧龔柯等十八人，與諸王合兒八剌妃忽禿赤的斤爭道，拉妃墮車毆之，且有犯上等語，事聞，詔釋不問。而宣政院臣方奏取旨：凡民毆西僧者，截其手；詈之者，斷其舌。時仁宗居東宮，聞之，亟奏寢其令。

泰定二年，西臺御史李昌言：「嘗經平涼府、靜、會、定西等州，〔八〕見西番僧佩金字圓符，絡繹道途，馳騎累百，傳舍至不能容，則假館民舍，因迫逐男子，奸污女婦。奉元一路，自正月至七月，往返者百八十五次，用馬至八百四十餘匹，較之諸王、行省之使，十多六七。驛戶無所控訴，臺察莫得誰何。且國家之製圓符，本爲邊防警報之虞，僧人何事而輒佩之？乞更正僧人給驛法，且令臺憲得以糾察。」不報。必蘭納識里之誅也，有司籍之，得其人畜土田、金銀貨貝錢幣、邸舍、書畫器玩，以及婦人七寶裝具，價直鉅萬萬云。

若歲時祝釐禱祠之常，號稱好事者，其目尤不一。有曰鎭雷阿藍納四，華言慶讚也。有曰亦思滿藍，華言藥師壇也。有曰撒思串卜，華言護城也。有曰朶兒禪，華言大施食也。有曰朶兒只列朶四，華言美妙金剛迴遮施食也。〔九〕有曰察兒哥朶四，華言迴遮也。有曰籠哥兒，華言風輪也。有曰喈朶四，華言作施食也。有曰出朶兒，華言出水濟六道也。有曰党剌朶四，華言迴遮施食也。有曰典朶兒，華言常川施食也。有曰坐靜，有曰魯朝，華言獅子吼道場也。有曰擲思江朶兒麻，華言護(江)〔法〕神施食也。〔一〇〕有曰赤思古林擲，華言自受主戒也。有曰鎮雷坐靜，有曰吃剌察坐靜，華言祕密坐靜也。有曰斟惹，華言文殊菩薩也。有曰古林朶四，華言至尊大黑神迴遮施食也。有曰歇白咱剌，華言大喜樂也。有曰必思禪，華言無量壽也。有曰覩思哥兒，華言白傘蓋呪也。有曰收札沙剌，華言五護陀羅尼經也。〔一一〕有曰阿昔答撒(荅)〔哈〕昔里，華言八(十)〔千〕頌般若經也。〔一二〕有曰撒思納屯，華言大理天神呪也。有曰闊兒魯弗卜屯，華言大輪金剛呪也。有曰且八迷屯，華言無量壽經也。有曰亦思羅八，華言最勝王經也。有曰撒思納屯，華言護神呪也。有曰南占屯，華言(懷)〔壞〕相金剛也。〔一三〕有曰卜魯八，華言呪法也。又有作擦擦者，以泥作小浮屠也。又有作答兒剛者。其作答兒剛者，或一所二所以至七所；作擦擦者，或十萬二十萬以至三十萬。又嘗造浮屠二百一十有六，實以七寶珠玉，半置海畔，半置水中，以鎮海災。

延祐四年，宣徽使會每歲內廷佛事所供，其費以斤數者，用麪四十三萬九千五百、油七萬九千、酥二萬一千八百七十、蜜二萬七千三百。自至元三十年間，醮祠佛事之目，僅百有二。大德七年，再立功德司，遂增至五百有餘。僧徒貪利無已，營結近侍，欺昧奏請，布施莽齋，所需非一，歲費千萬，較之大德，不知幾倍。又每歲必因好事奏釋輕重囚徒，以為福利，雖大臣如阿里，闔帥如別沙兒等，莫不假是以逭其誅。宣政院參議李良弼，受賕鬻官，直以帝師之言縱之。其餘殺人之盜，作奸之徒，夤緣幸免者多。至或取空名宣敕以爲布施，而任其人，可謂濫矣。凡此皆有關乎一代之治體者，故今備著焉。

若夫天下寺院之領於內外宣政院，曰禪，曰敎，曰律，則固各守其業，惟所謂白雲宗、白蓮宗者，亦或頗通奸利云。

丘處機，登州棲霞人，自號長春子。兒時，有相者謂其異日當爲神仙宗伯。年十九，爲全眞學于寧海之崑（崙）〔嵛〕山，〔一四〕與馬鈺、譚處端、劉處玄、王處一、郝大通、孫不二同師重陽王眞人。重陽一見處機，大器之。金、宋之季，俱遣使來召，不赴。

歲己卯，太祖自乃蠻命近臣札八兒、劉仲祿持詔求之。處機一日忽語其徒，使促裝，曰：「天使來召我，我當往。」翌日，二人者至，處機乃與弟子十有八人同往見焉。明年，宿留山北，先馳表謝，拳拳以止殺爲勸。又明年，趣使再至，乃發撫州，經數十國，爲地萬有餘里。蓋蹀血戰場，避寇叛域，絕糧沙漠，自崑嵛歷四載而始達雪山。常馬行深雪中，馬上舉策試之，未及積雪之半。既見，太祖大悅，賜食、設廬帳甚飭。

太祖時方西征，日事攻戰，處機每言欲一天下者，必在乎不嗜殺人。及問爲治之方，則對以敬天愛民爲本。問長生久視之道，則告以清心寡欲爲要。太祖深契其言，曰：「天錫仙翁，以寤朕志。」命左右書之，且以訓諸子焉。於是錫之虎符，副以璽書，不斥其名，惟曰「神仙」。一日雷震，太祖以問，處機對曰：「雷，天威也。人罪莫大於不孝，不孝則不順乎天，故天威震動以警之。似聞境內不孝者多，陛下宜明天威，以導有衆。」太祖從之。

歲癸未，太祖大獵于東山，馬踣，處機請曰：「天道好生，陛下春秋高，數畋獵，非宜。」太祖爲罷獵者久之。時國兵踐蹂中原，河南、北尤甚，民罹俘戮，無所逃命。處機還燕，使其徒持牒招求於戰伐之餘，由是爲人奴者得復爲良，與瀕死而得更生者，毋慮二三萬人。中州人至今稱道之。

歲乙酉，熒惑犯尾，其占在燕，處機禱之，果退舍。丁亥，又爲旱禱，期以三日雨，當名瑞應，已而亦驗。有旨改賜宮名曰長春，且遣使勞問，制若曰：「朕常念神仙，神仙毋忘朕也。」六月，浴于東溪，越二日天大雷雨，太液池岸北水入東湖，聲聞數里，魚鱉盡去，池遂涸，而北口高岸亦崩。處機嘆曰：「山其摧乎，池其涸乎，吾將與之俱乎！」遂卒，年八十。其徒尹志平等世奉璽書襲掌其教，至大間加賜金印。

處機之四傳有曰(祈)〔祁〕志誠者，〔三〕居雲州金閣山，道譽甚著。丞相安童嘗過而問之，志誠告以修身治世之要。安童感其言，故其相世祖也，以清靜忠厚爲主。及罷還第，退然若無與於世者，人以爲有得於志誠之言。其後安童復被召入相，辭，不可，遂往決於志誠。志誠曰：「昔與子同列者何人？今同列者何人？」安童悟，入見世祖，辭曰：「臣昔爲宰相，年尚少，幸不失陛下事者，丞佐皆臣所師友。今事臣者，皆進與臣俱，則臣之爲政能有加於前乎！」世祖曰：「誰爲卿言是？」對曰：「（祈）〔祁〕眞人。」世祖嘆異者久之。

正一天師者，始自漢張道陵，其後四代曰盛，來居信之龍虎山。相傳至三十六代宗演，當至元十三年，世祖已平江南，遣使召之。至則命廷臣郊勞，待以客禮。及見，語之曰：「昔歲己未，朕次鄂渚，嘗令王一清往訪卿父，卿父使報朕曰：後二十年天下當混一。神仙之言驗於今矣。」因命坐，錫宴，特賜玉芙蓉冠、組金無縫服，命主領江南道教，仍賜銀印。十八年、二十五年再入覲。世祖嘗命取其祖天師所傳玉印、寶劍觀之，語侍臣曰：「朝代更易已不知其幾，而天師劍印傳子若孫尙至今日，其果有神明之相矣乎！」嗟嘆久之。二十九年卒，子與棣嗣，爲三十七代，襲掌江南道教。三十一年入覲，卒于京師。元貞元年，弟與材嗣，爲三十八代，襲掌道教。

時潮嚙鹽官、海鹽兩州，爲患特甚，與材以術治之。一夕大雷電以震，明日見有物魚首龜形者磔于水裔，潮患遂息。大德五年，召見于上都幄殿。八年，授正一教主，主領三山符籙。武宗卽位，來覲，特授金紫光祿大夫，封留國公，錫金印。仁宗卽位，特賜寶冠、組織文金之服。延祐三年卒。四年，子嗣成嗣，爲三十九代，襲領江南道教，主領三山符籙如故。

其徒張留孫者，字師漢，信州貴溪人。少時入龍虎山爲道士，有道人相之曰：「神仙宰相也。」至元十三年，從天師張宗演入朝，世祖與語，稱旨，遂留侍闕下。世祖嘗親祠幄殿，皇太子侍。忽風雨暴至，衆駭懼，留孫禱之立止。又嘗次日月山，昭睿順聖皇后得疾危甚，亟召留孫請禱。既而后夢有朱衣長髯，從甲士，導朱輦白獸行草間者。覺而異之，以問留孫，對曰：「甲士導輦獸者，臣所佩法籙中將吏也；朱衣長髯者，漢祖天師也；行草間者，春時也。殿下之疾，其及春而瘳乎！」后命取所事畫像以進，視之果夢中所見者。帝后大悅，卽命留孫爲天師，留孫固辭不敢當，乃號之上卿，命尚方鑄寶劍以賜，建崇眞宮于兩京，俾留孫居之，專掌祠事。

十五年，授玄教宗師，錫銀印。又特任其父信州路治中，尋復陞江東道同知宣慰司事。是時天下大定，世祖思與民休息，留孫待詔尚方，因論黃老治道貴淸淨、聖人在宥天下之旨，深契主衷。及將以完澤爲相，命留孫筮之，得同人之豫，留孫進曰：「『同人，柔得位而（進）〔應〕乎乾』，〔一六〕君臣之合也；『豫，利〔建〕侯』，命相之事也。〔一七〕何吉如之，願陛下勿疑。」

及拜完澤，天下果以爲得賢相。

大德中，加號玄教大宗師，同知集賢院道教事，且追封其三代皆魏國公，官階品俱第一。武宗立，召見，賜坐，陞大眞人，知集賢院，位大學士上。尋又加特進。進講老子推明謙讓之道。及仁宗卽位，猶恒誦其言，且諭近臣曰：「累朝舊德，僅餘張上卿爾。」進開府儀同三司，加號輔成贊化保運玄教大宗師，刻玉爲玄教大宗師印以賜。至治元年十二月卒，年七十四。天曆元年，追贈道祖神(應)〔德〕眞君。〔一八〕其徒吳全節嗣。

全節字成季，饒州安仁人。年十三學道于龍虎山。至元二十四年至京師，從留孫見世祖。三十一年，成宗至自朔方，召見，賜古瑚玉蟠螭環一，敕每歲侍從行幸，所司給廬帳、車馬、衣服、廩餼，著爲令。大德十一年，授玄教嗣師，錫銀印，視二品。至大元年，賜七寶金冠、織金文之服。三年，贈其祖昭文館大學士，封其父司徒、饒國公，母饒國太夫人，名其所居之鄉曰榮祿，里曰具慶。至治元年，留孫卒。二年，制授特進、上卿、玄教大宗師、崇文弘道玄德眞人、總攝江淮荆襄等處道教、知集賢院道教事，玉印一、銀印一幷授之。

全節嘗代祀嶽瀆還，成宗問曰：「卿所過郡縣，有善治民者乎？」對曰：「臣過洛陽，太守盧摯平易無爲，而民以安靖。」成宗曰：「吾憶其人。」卽日召拜集賢學士。成宗崩，仁宗至自懷孟，有狂士以危言訐翰林學士閻復者，事叵測。全節力爲言于李孟，孟以聞，仁宗意解，復告老而去。當時以爲朝廷得敬大臣體，而不以口語傷賢者，全節蓋有力焉。

全節雅好結士大夫，無所不傾其交，長者尤見親而敬，推轂善類，唯恐不盡其力。至於振窮周急，又未嘗以恩怨異其心，當時以爲頗有俠氣云。全節卒，年八十有二，其徒夏文泳嗣。

眞大道教者，始自金季，道士劉德仁之所立也。其教以苦節危行爲要，而不妄取於人、不苟侈於己者也。五傳而至酈希（誠）〔成〕，〔一九〕居燕城天寶宮，見知憲宗，始名其教曰眞大道，授希（誠）〔成〕太玄眞人，領教事，內出冠服以賜，仍給紫衣三十襲，賜其從者。

至元五年，世祖命其徒孫德福統轄諸路眞大道，錫銅章。二十年，改賜銀印一。又三傳而至張（志清）〔清志〕，〔二〇〕其教益盛，授演教大宗師、凝神冲妙玄應眞人。（志清）〔清志〕事親孝，尤耐辛苦，制行堅峻。東海珠、牢山舊多虎，（志清）〔清志〕往結茅居之，虎皆避徙，然頗爲人害。（志清）〔清志〕曰：「是吾奪其所也！」遂去之。後居臨汾，地大震，城郭邑屋摧壓，死者不可勝計，獨（志清）〔清志〕所居裂爲二，無少損焉。乃徧巡木石間，聽呻吟聲，救活者甚衆。朝廷重其名，給驛致之掌教事。（志清）〔清志〕舍傳徒步至京師，深居簡出，人或不識其面。貴人達官來見，率告病，伏臥內不起。至於道德縉紳先生，則納屣杖屨求見，不以爲難。時人高其風，至畫爲圖以相傳焉。

太一教者，始金天眷中道士蕭抱珍，傳太一三元法籙之術，因名其教曰太一。四傳而至蕭輔道。世祖在潛邸聞其名，命史天澤召至和林，賜對稱旨，留居宮邸。以老，請授弟子李居壽掌其教事。

至元十一年，建太一宮于兩京，命居壽居之，領祠事，且禋祀六丁，以繼太保劉秉忠之術。十三年，賜太一掌教宗師印。十六年十月辛丑，月直元辰，敕居壽祠醮，奏赤章于天，凡五晝夜。事畢，居壽請間曰：「皇太子春秋鼎盛，宜參預國政。」且又因典瑞董文忠以爲言，世祖喜曰：「行將及之。」其後詔太子參決朝政，庶事皆先啓後聞者，蓋居壽爲之先也。

校勘記

〔一〕十六年八思巴卒　佛祖歷代通載卷三二王磐等撰帝師行狀謂八思巴「至元十七年十一月二十二日示寂」，與薩斯迦世系等藏文史籍一致。疑此處「十六」爲「十七」之誤。

〔二〕皇天之下一人之上〔開教〕宣文輔治大聖至德普覺眞智佑國如意大寶法王　據佛祖歷代通載卷三二王磐等撰帝師行狀、卷三六法洪敕建帝師殿碑及山居新話、南村輟耕錄卷一二帝師補。

〔三〕亦憐眞嗣爲帝師凡六歲至元十九年卒答兒麻八剌(乞列)〔剌吉塔〕嗣　此處有誤倒，應作「亦憐眞嗣爲帝師，凡六歲，卒。至元十九年，答兒麻八剌剌吉塔嗣」。按前文云亦憐眞至元十一年嗣爲帝師，與本書卷八世祖紀至元十一年三月癸巳條符。卷一〇世祖紀至元十六年歲末有「帝師亦憐(吉)〔眞〕卒」，亦與此處「嗣爲帝師，凡六歲」合，證「卒」字應在「凡六歲」下。卷一二世祖紀至元十九年歲末有「詔立帝師答耳麻八剌剌吉塔」，證此處「十九年」爲新立帝師之年，應在「卒」字下。「答兒麻八剌剌吉塔」，至元法寶勘同總錄序作「達哩麻八羅阿羅吃答」，與藏文史籍薩斯迦世系合，「乞列」訛，今改。此名梵語，義爲「法護佑」。

〔四〕(都)〔相〕家班　據本書卷二一成宗紀大德九年三月庚戌條所見「帝師相加班」改。「相家班」藏語，義爲「覺吉祥」。

〔五〕相兒加思〔巴〕　本書卷二四仁宗紀皇慶二年九月有「以相兒加思巴爲帝師」，據補。「相兒加思巴」，與前見「相家班」爲同名異譯。

〔六〕追號大覺普惠廣照無上膽巴帝師　錢大昕潛研堂金石文跋尾云：「敕賜龍興寺大覺普慈廣照無上帝師碑，帝師者，膽巴也。元史釋老傳載皇慶間加號，與此同，惟普慈作普惠，乃傳之誤。」

〔七〕沙(律)〔津〕愛護持　據本書卷三五、三六文宗紀至順二年三月壬午條、三年四月乙丑條改。「沙津愛護持」，漢譯「總統」。

〔八〕西臺御史李昌言嘗經平涼府靜會定西等州　李昌所經，地當今甘肅平涼地區與定西地區。按本書卷六〇地理志，該地元代無「靜州」，而有靜寧州。此處「靜」下疑脫「寧」字。

〔九〕有曰朶兒只列朶四華言美妙金剛迴遮施食也　「朶兒只列」藏語，言「美妙金剛」；「施食」，如前後文所見，應作「朶兒麻」或「朶兒」。此處「朶四」似爲「朶而」之訛，下文四見「朶四」同。

〔一〇〕有曰搠思江朶兒麻華言護(江)〔法〕神施食也　「搠思江」藏語，言「護法神」。「江」誤，今改。

〔一一〕有曰收札沙剌華言五護陀羅尼經也　「收札沙剌」顯係梵語譯音。梵語「五」，佛典中通常譯寫爲「般遮」、「般闍」；「沙剌」卽「護」。疑「收」爲「般」字之誤。

〔一二〕有曰阿昔答撒(答)〔哈〕昔里華言八(十)〔千〕頌般若經也　「阿昔答撒哈昔里」梵語，義爲「八千」，指八千頌般若經，卽大般若波羅蜜多經第五會。「答」、「十」皆誤，今改。

〔一三〕有曰南占屯華言(懷)〔壞〕相金剛也　據元僧沙囉巴譯佛說壞相金剛陀羅尼經改。藏語「南占」，義爲「毀壞」。

〔一四〕寧海之崑(窬)〔嵛〕山　從北監本改。按下文及元文類卷二二姚燧長春宮碑銘、道藏金蓮正宗仙源像傳「窬」皆作「嵛」。

〔一五〕(祈)〔祁〕志誠　據元文類卷二二姚燧長春宮碑銘改。下同。類編已校。

〔一六〕同人柔得位而（進）〔應〕乎乾　據道園學古錄卷五〇張留孫墓志銘、清容集卷三四張留孫家傳改。

〔一七〕豫利〔建〕侯命相之事也　道光本與道園學古錄卷五〇張留孫墓志銘、清容集卷三四張留孫家傳合，從補。

〔一八〕天曆元年追贈道祖神（應）〔德〕眞君　據本書卷三三文宗紀天曆二年九月庚申條及吳文正集卷三二張留孫道行碑、至正集卷七三跋神德眞君畫像贊改。類編已校。又，紀繫追贈事于天曆二年，疑此處「元年」當作「二年」。

〔一九〕鄺希（誠）〔成〕　據道園學古錄卷五〇岳德文碑、吳文正集卷二六天寶宮碑改。下同。

〔二〇〕張（志淸）〔淸志〕　據吳文正集卷二六天寶宮碑、宋學士集卷五五書劉眞人事改正。下同。新元史已校。

元史卷二百三

列傳第九十

方技 工藝附

自昔帝王勃興，雖星曆醫卜方術異能之士，莫不過絕於人，類非後來所及，蓋天運也。元有中土，鉅公異人，身兼數器者，皆應期而出，相與立法創制，開物成務，以輔成大業，亦云盛哉。若道流釋子，所挾多方，事適逢時，旣皆別爲之傳。其他以術數言事輒驗，及以醫著效，被光寵者甚衆。舊史多闕弗錄，今取其事蹟可見者，爲方技篇。而以工藝貴顯，亦附見焉。

田忠良字正卿，其先平陽趙城人，金亡，徙中山。忠良好學，通儒家、雜家言。嘗識太保劉秉忠於微時，秉忠薦于世祖，遣使召至，帝視其狀貌步趨，顧謂侍臣曰：「是雖以陰陽家進，必將爲國用。」俄指西序第二人謂忠良曰：「彼手中握何物？」忠良對曰：「鷄卵也。」果然。帝喜，又曰：「朕有事縈心，汝試占之。」對曰：「以臣術推之，當是一名僧病耳。」帝曰：「然，國師也。」遂遣左侍儀奉御也先乃送忠良司天臺，給筆札，令秉忠試星曆、遁甲諸書。秉忠奏曰：「所試皆通，司天諸生鮮有及者。」詔官之司天。帝曰：「朕用兵江南，困于襄樊，累年不決，奈何？」忠良對曰：「在酉年矣。」

至元十一年，阿里海牙奏請率十萬衆渡江，朝議難之，帝密問曰：「汝試筮之，濟否？」忠良對曰：「濟。」帝獵于柳林，御幄殿，侍臣甚衆，顧忠良曰：「今拜一大將取江南，朕心已定，果何人耶？」忠良環視左右，目一人，對曰：「是偉丈夫，可屬大事。」帝笑曰：「此伯顏也，爲西王旭烈兀使，朕以其才留用之，汝識朕心。」賜鈔五百貫、衣一襲。七月十五日夜，白氣貫三台，帝問何祥，忠良對曰：「三公其死乎？」未幾，太保劉秉忠卒。八月，帝出獵，駐蹕召忠良曰：「朕有所遺，汝知何物，還可復得否？」對曰：「其數珠乎？明日，二十里外人當有得而來獻者。」已而果然，帝喜，賜以貂裘。十月，有旨問忠良：「南征將士能渡江否？勞師費財，朕甚憂之。」忠良奏曰：「明年正月當奏捷矣。」

十二年正月，師取鄂州，丞相伯顏遣使來獻宋寶，有玉香爐，輟以賜忠良，及金織文十四。二月，帝不豫，召忠良謂曰：「或言朕今歲不嘉，汝術云何？」忠良對曰：「聖體行自安矣。」三月，帝疾愈，賜銀五百兩、衣材三十匹。五月，車駕淸暑上都，遣使來召曰：「叛者浸入山陵，久而不去，汝與和禮霍孫率衆往視之。」旣至，山陵如故，俄而叛兵大至，圍之三匝，三日不解。忠良引衆夜歸，敵殊不覺，和禮霍孫以爲神，白其事于帝，賜黃金十兩。八月，以海都爲邊患，遣皇子北平王那木罕、丞相安童征之，忠良奏曰：「不吉，將有叛者。」帝不悅。十二月，諸王昔里吉劫皇子、丞相以入海都，帝召忠良曰：「朕幾信讒言罪汝，今如汝言，汝祀神致禱，雖黃金朕所不吝。」忠良對曰：「無事於神，皇子未年當還。」後果然。

十四年八月，車駕駐隆興北，忠良奏曰：「昔里吉之叛，以安童之食不彼及也。今宿衞之士，日食一瓜，豈能充飢，竊有怨言矣。」帝怒，笞主膳二人，俾均其食。十五年三月，汴梁河淸三百里，帝曰：「憲宗生，河淸；朕生，河又淸；今河又淸，何耶？」忠良對曰：「應在皇太子宮矣。」帝語符寶郎董文忠曰：「是不妄言，殆有徵也。」

十八年，特命爲太常丞。少府爲諸王昌童建宅於太廟南，忠良往仆其柱，少府奏之，帝問忠良，對曰：「太廟前豈諸王建宅所耶？」帝曰：「卿言是也。」又奏曰：「太廟前無馳道，非禮也。」卽敕中書闢道。國制，十月上吉，有事于太廟。或請牲不用牛，忠良奏曰：「梁武帝用麵爲犧牲，後如何耶？」從之。遷太常少卿。二十年，將征日本國，召忠良擇日出師，忠良奏曰：「僻陋海隅，何足勞天戈。」不聽。二十四年，請建太社於朝右，建郊壇於國南。俄兼引進使。二十九年,遷太常卿。

大德元年,遷昭文館大學士、中奉大夫,兼太常太卿。十一年,成宗崩,阿忽台等持異謀,將以皇后教,祔成宗於廟。忠良爭曰:「嗣皇帝祔先帝於廟,禮也;皇后教,非制也。」阿忽台等怒曰:「制自天降耶!汝不畏死,敢沮大事。」忠良竟不從。既而仁宗以太弟奉皇太后至自懷州,潛與密謀誅阿忽台等。武宗卽位,進榮祿大夫、大司徒,賜銀印。仁宗卽位,又進光祿大夫,領太常禮儀院事。延祐四年正月卒,年七十五。贈推忠守正佐運功臣、太師、開府儀同三司、上柱國,追封趙國公,謚忠獻。

子天澤,翰林侍講學士、嘉議大夫、知制誥兼修國史。

靳德進,其先潞州人,後徙大名。祖璇,業儒。父祥,師事陵川郝溫,兼善星曆。金末兵亂,與母相失,母悲泣而盲,祥訪得之,舐其目,百日復明,人稱其孝。國初,玉出干劉敏行省于燕,辟祥置幕下,佩以金符。時藩帥得擅生殺,無辜者多賴祥以免。贈集賢大學士,謚安靖。

德進爲人材辨,幼讀書,能通大義,父歿,益自刻勵,尤精於星曆之學。世祖命太保秉忠選太史官屬,德進以選授天文、星曆、卜筮三科管勾,凡交蝕躔次、六氣侵沴,所言休咎輒應。時因天象以進規諫，多所裨益。累遷祕書監，掌司天事。從征叛王乃顏，揆度日時，率中機會。諸將欲剿絕其黨，德進獨陳天道好生，請緩師以待其降。俄奏言：「叛始由惑於妖言，遂謀不軌，宜括天下術士，設陰陽教官，使訓學者，仍歲貢有成者一人。」帝從之，遂著爲令。

成宗以皇孫撫軍北邊，帝遣使授皇太子寶，德進預在行，凡攻戰取勝，皆豫剋期日，無不驗者。亦間言事得失，多所裨益。成宗卽位，歷陳世祖進賢納諫、咨詢治亂之原，帝嘉納之。授昭文館大學士，知太史院，領司天臺事，賜金帶宴服。都城以荻苫廩，或請以瓦易之，帝以問德進，對曰：「若是役驟興，物必踴貴，民力重困，臣愚未見其可。」議遂寢。敕中書自今凡集議政事，必使德進預焉。所建明多見於施行。尋以病丐閑。

仁宗時在東宮，特令中書加官以留之。會車駕自上京還，召見白海行宮，授資德大夫、中書右丞，議通政院事。仁宗卽位，命領太史院事，力辭不允。以疾卒于位。贈推誠贊治功臣、榮祿大夫、大司徒、柱國，魏國公，謚文穆。子泰，〔一〕工部侍郎。

張康字汝安，號明遠，潭州湘潭人。祖安厚，父世英。康早孤力學，旁通術數。宋呂文德、江萬里、留夢炎皆推重之，辟置幕下。宋亡，隱衡山。

至元十四年，世祖遣中丞崔彧祀南嶽，就訪隱逸。彧兄湖南行省參政崔斌言康隱衡山，學通天文地理。彧還，具以聞，遣使召康，與斌偕至京師。十五年夏四月，至上都見帝，親試所學，大驗，授著作佐郎，仍以內嬪松夫人妻之。凡召對，禮遇殊厚，呼以明遠而不名。嘗面諭：凡有所問，使極言之。

十八年，康上奏：「歲壬午，太一理艮宮，主大將客、參將囚，直符治事，正屬燕分。明年春，京城當有盜兵，事干將相。」十九年三月，盜果起京師，殺阿合馬等。帝欲征日本，命康以太一推之，康奏曰：「南國甫定，民力未蘇，且今年太一無算，舉兵不利。」從之。嘗賜太史院錢，分千貫以與康，不受，衆服其廉。久之，乞歸田里，優詔不許，遷奉直大夫、祕書監丞。年六十五卒。子天祐。

李杲字明之，鎭人也，世以貲雄鄉里。杲幼歲好醫藥，時易人張元素以醫名燕趙間，杲捐千金從之學，不數年，盡傳其業。家旣富厚，無事於技，操有餘以自重，人不敢以醫名之。大夫士或病其資性高謇，少所降屈，非危急之疾，不敢謁也。其學於傷寒、癰疽、眼目病爲尤長。

北京人王善甫，爲京兆酒官，病小便不利，目睛凸出，腹脹如鼓，膝以上堅硬欲裂，飲食且不下，甘淡滲泄之藥皆不效。杲謂衆醫曰：「疾深矣。內經有之，膀胱者，津液之府，必氣化乃出焉。今用滲泄之劑而病益甚者，是氣不化也。啓玄子云『無陽者陰無以生，無陰者陽無以化』，甘淡滲泄皆陽藥，獨陽無陰，其欲化得乎？」明日，以羣陰之劑投，不再服而愈。

西臺掾蕭君瑞，二月中病傷寒發熱，醫以白虎湯投之，病者面黑如墨，本證不復見，脈沉細，小便不禁。杲初不知用何藥，及診之，曰：「此立夏前誤用白虎湯之過。白虎湯大寒，非行經之藥，止能寒腑藏，不善用之，則傷寒本病隱曲於經絡之間。或更以大熱之藥救之，以苦陰邪，則他證必起，非所以救白虎也。有溫藥之升陽行經者，吾用之。」有難者曰：「白虎大寒，非大熱何以救，君之治奈何？」杲曰：「病隱於經絡間，陽不升則經不行，經行而本證見矣。本證又何難焉。」果如其言而愈。

魏邦彥之妻，目翳暴生，從下而上，其色綠，腫痛不可忍。杲云：「翳從下而上，病從陽明來也。綠非五色之正，殆肺與腎合而爲病邪。」乃瀉肺腎之邪，而以入陽明之藥爲之使。既效矣，而他日病復作者三，其所從來之經，與（腎）〔翳〕色各異。〔三〕乃曰：「諸脈皆屬於目，脈病則目從之。此必經絡不調，經不調，則目病未已也。」問之果然，因如所論而治之，疾遂不作。

馮叔獻之姪櫟，年十五六，病傷寒，目赤而頓渴，脈七八至，醫欲以承氣湯下之，已煑藥，而杲適從外來，馮告之故。杲切脈，大駭曰：「幾殺此兒。內經有言『在脈，諸數爲熱，諸遲爲寒』。今脈八九至，是熱極也。而會要大論云『病有脈從而病反者何也？脈（之）〔至〕而從，〔三〕按之不鼓，諸陽皆然』。此傳而爲陰證矣。令持薑、附來，吾當以熱因寒用法處之。」藥未就而病者爪甲變，頓服者八兩，汗尋出而愈。

陝帥郭巨濟病偏枯，二指著足底不能伸，杲以長針刺骫中，深至骨而不知痛，出血一二升，其色如墨，又且謬刺之。如此者六七，服藥三月，病良已。裴擇之妻病寒熱，月事不至者數年，已喘嗽矣。醫者率以蛤蚧、桂、附之藥投之，杲曰：「不然，夫病陰爲陽所搏，溫劑太過，故無益而反害。投以寒血之藥，則經行矣。」已而果然。杲之設施多類此。當時之人，皆以神醫目之。所著書，今多傳於世云。

工藝

孫威，渾源人。幼沉鷙，有巧思。金貞祐間，應募爲兵，以驍勇稱。及雲中來附，守帥表授義軍千戶，從軍攻潞州，破鳳翔，皆有功。善爲甲，嘗以意製蹄筋翎根鎧以獻，太祖親射之，〔四〕不能徹，大悅。賜名也可兀蘭，佩以金符，授順天安平懷州河南平陽諸路工匠都總管。從攻邠、乾，突戰不避矢石，帝勞之曰：「汝縱不自愛，獨不爲吾甲胄計乎。」因命諸將衣其甲者問曰：「汝等知所愛重否？」諸將對，皆失旨意。太〔祖〕〔宗〕曰：〔五〕「能捍蔽爾輩以與我國家立功者，非威之甲耶！而爾輩言不及此，何也？」復以錦衣賜威。每從戰伐，恐民有橫被屠戮者，輒以蒐簡工匠爲言，而全活之。歲庚子，卒，年五十八。至大二年，贈中奉大夫、武備院使、神川郡公，謚忠惠。

子拱，〔六〕爲監察御史，後襲順天安平懷州河南等路甲匠都總管。巧思如其父，嘗製甲二百八十襲以獻。至元十一年，別製疊盾，其製，張則爲盾，斂則合而易持。世祖以爲古所未有，賜以幣帛。丞相伯顏南征，以甲冑不足，詔諸路集匠民分製。拱董順天、河間甲匠，先期畢工，且象虎豹異獸之形，各殊其制，皆稱旨。

十五年，授保定路治中。適歲饑，議開倉賑民，或曰：「宜請于朝。」拱曰：「救荒事不可緩也，若得請而後發粟以賑之，則民餒死矣。苟見罪，吾自任之。」遂發粟四千五百石以賑饑民。高陽土豪據沙河橋取行者錢，人以爲病，拱執而罪之。二十二年，除武備少卿，遷大都路軍器人匠總管，陞工部侍郎。

成宗卽位，典朝會供給，賜銀百兩、織紋段五十匹、帛二十五匹、鈔萬貫。元貞二年，授大同路總管，兼府尹。大德五年，遷兩浙都轉運使。鹽課舊二十五萬引，歲不能足，拱至增五萬引，遂爲定額。九年，改益都路總管，兼府尹，仍出內府弓矢寶刀賜之。卒於官。贈大司農、神川郡公，諡文莊。

（阿老瓦丁）〔七〕

阿老瓦丁，回回氏，西域木發里人也。至元八年，世祖遣使徵砲匠于宗王阿不哥，王以阿老瓦丁、亦思馬因應詔，二人舉家馳驛至京師，給以官舍，首造大砲竪于五門前，帝命試之，各賜衣段。十一年，國兵渡江，平章阿里海牙遣使求砲手匠，命阿老瓦丁往，破潭州、靜江等郡，悉賴其力。十五年，授宣武將軍、管軍總管。十七年，陛見，賜鈔五千貫。十八年，命屯田於南京。二十二年，樞密院奉旨，改元帥府爲回回砲手軍匠上萬戶府，以阿老瓦丁爲副萬戶。大德四年告老。子富謀只，襲副萬戶。皇慶元年卒，子馬哈馬沙襲。

亦思馬因，回回氏，西域旭烈人也。善造砲，至元八年與阿老瓦丁至京師。十年，從國兵攻襄陽未下，亦思馬因相地勢，置砲于城東南隅，重一百五十斤，機發，聲震天地，所擊無不摧陷，入地七尺。宋安撫呂文煥懼，以城降。既而以功賜銀二百五十兩，命爲回回砲手總管，佩虎符。十一年，以疾卒。子布伯襲職。

時國兵渡江，宋兵陳于南岸，擁舟師迎戰，布伯於北岸竪砲以擊之，舟悉沉沒。後每戰用之，皆有功。十八年，佩三珠虎符，加鎮國上將軍、回回砲手都元帥。明年，改軍匠萬戶府萬戶。遷刑部尙書，以弟亦不剌金爲萬戶，佩元降虎符，官廣威將軍。布伯俄進通奉大夫、浙東道宣慰使，賜鈔二萬五千貫，俾養老焉。

子哈散，襲授昭信校尉、高郵府同知。致和元年八月，樞密院檄亦不剌金所部軍匠至京師，賜鈔二千五百貫、金綺四端，與馬哈馬沙造砲。天曆二年，以疾卒。子亞古襲。

阿尼哥，尼波羅國人也，其國人稱之曰八魯布。幼敏悟異凡兒，稍長，誦習佛書，期年能曉其義。同學有爲繪畫粧塑業者，讀尺寸經，阿尼哥一聞，卽能記。長善畫塑，及鑄金爲像。

中統元年，命帝師八合斯巴建黃金塔于吐蕃，尼波羅國選匠百人往成之，得八十人，求部送之人未得。阿尼哥年十七，請行，衆以其幼，難之。對曰：「年幼心不幼也。」乃遣之。帝師一見奇之，命監其役。明年，塔成，請歸，帝師勉以入朝，乃祝髮受具爲弟子，從帝師入見。帝視之久，問曰：「汝來大國，得無懼乎？」對曰：「聖人子育萬方，子至父前，何懼之有。」又問：「汝來何爲？」對曰：「臣家西域，奉命造塔吐蕃，二載而成。見彼土兵難，民不堪命，願陛下安輯之，不遠萬里，爲生靈而來耳。」又問：「汝何所能？」對曰：「臣以心爲師，頗知畫塑鑄金之藝。」帝命取明堂針灸銅像示之曰：「此(安)〔宣〕撫王(纖)〔檝〕使宋時所進，〔八〕歲久闕壞，無能修完之者，汝能新之乎？」對曰：「臣雖未嘗爲此，請試之。」至元二年，新像成，關鬲脈絡皆備，金工歎其天巧，莫不愧服。凡兩京寺觀之像，多出其手。爲七寶鑌鐵法輪，車駕行幸，用以前導。原廟列聖御容，織錦爲之，圖畫弗及也。

至元十年，始授人匠總管，銀章虎符。十五年，有詔返初服，授光祿大夫、大司徒，領將作院事，寵遇賞賜，無與爲比。卒。贈太師、開府儀同三司、涼國公、上柱國，諡敏慧。

子六人，曰阿僧哥，大司徒；阿述臘，諸色人匠總管府達魯花赤。

有劉元者，嘗從阿尼哥學西天梵相，亦稱絕藝。元字秉元，薊之寶坻人。始爲黃冠，師事青州把道錄，傳其藝非一。至元中，凡兩都名刹，塑土、範金、摶換爲佛像，出元手者，神思妙合，天下稱之。其上都三皇尤古粹，識者以爲造意得三聖人之微者。由是兩賜宮女爲妻，命以官長其屬，行幸必從。

仁宗嘗敕元非有旨不許爲人造他神像。後大都南城作東嶽廟，元爲造仁聖帝像，巍巍然有帝王之度，其侍臣像，乃若憂深思遠者。始元欲作侍臣像，久之未措手，適閱祕書圖畫，見唐魏徵像，矍然曰：「得之矣，非若此，莫稱爲相臣者。」遽走廟中爲之，卽日成，士大夫觀者，咸歎異焉。其所爲西番佛像多祕，人罕得見者。

元官爲昭文館大學士、正奉大夫、祕書卿，以壽終。摶換者，漫帛土偶上而髹之，已而去其土，髹帛儼然成像云。

校勘記

〔一〕子泰　松雪齋集卷九靳德進墓志銘作「子一人，道泰」，疑此處脫「道」字。

〔二〕與(腎)〔翳〕色各異　據遺山集卷三七傷寒會要引改。

〔三〕脈(之)〔至〕而從　據遺山集卷三七傷寒會要引改。按前文有「今脈八九至，是熱極也」。

〔四〕太祖親射之　靜修集卷一六孫公亮先塋碑作「太宗親射之」。此處「太祖」當係「太宗」之誤。

〔五〕太(祖)〔宗〕　據靜修集卷一六孫公亮先塋碑改。按此時元太祖已死。

〔六〕子拱　按靜修集卷一六孫公亮先塋碑、秋澗集卷五八孫公亮神道碑，孫拱爲孫威之孫，孫公亮之子。此作孫威子，誤，當係因碑立傳略去公亮事，逕抄先塋碑文「子拱」所致。「子」當作「孫」。

〔七〕(阿老瓦丁)　從道光本删。

〔八〕(安)〔宣〕撫王(職)〔檝〕　「安撫」，本書卷一五三王檝傳、卷八一選舉志及秋澗集卷四四國朝奉使、元文類卷四八暢奐祭國信使王宣撫文俱作「宣撫」，據改。又「職」字誤，據本書卷一五三王檝傳改。類編已改。

元史卷二百四

列傳第九十一

宦者

前世宦者之禍嘗烈矣，元之初興，非能有鑒乎古者，然歷十有餘世，考其亂亡之所由，而初不自閹人出，何哉？蓋自太祖選貴臣子弟給事內廷，凡飲食、冠服、書記，上所常御者，各以其職典之，而命四大功臣世爲之長，號四怯薛。故天子前後左右，皆世家大臣及其子孫之生而貴者，而宦官之擅權竊政者不得有爲於其間。雖或有之，然不旋踵而遂敗，此其詒謀，可謂度越前代者矣。如李邦寧者，以亡國閹豎，遭遇世祖，進齒薦紳，遂躋極品，然其言亦有可稱者焉。至於朴不花，乃東夷之人，始以西宮同里，因緣柄用，遂與權奸同惡相濟，訖底于誅戮，則固有以致之也。用特著之于篇。

李邦寧字叔固，錢唐人，初名保寧，宋故小黃門也。宋亡，從瀛國公入見世祖，命給事內庭，警敏稱上意。令學國書及諸蕃語，卽通解，遂見親任。授御帶庫提點，陞章佩少監，遷禮部尙書，提點太醫院(使)〔事〕。〔一〕成宗卽位，進昭文館大學士、太醫院使。帝嘗寢疾，邦寧不離左右者十餘月。

武宗立，命爲江浙行省平章政事，邦寧辭曰：「臣以閹腐餘命，無望更生，先朝幸赦而用之，使得承乏中涓，高爵厚祿，榮寵過甚。陛下復欲置臣宰輔，臣何敢當。宰輔者，佐天子共治天下者也，奈何辱以寺人。陛下縱不臣惜，如天下後世何，誠不敢奉詔。」帝大悅，使大臣白其言于太后及皇太子，以彰其善。

帝嘗奉皇太后燕大安閣，閣中有故篋，問邦寧曰：「此何篋也？」對曰：「此世祖貯裘帶者。臣聞有聖訓曰『藏此以遺子孫，使見吾樸儉，可爲華侈之戒』。」帝命發篋視之，歎曰：「非卿言，朕安知之。」時有宗王在側，遽曰：「世祖雖神聖，然嗇於財。」邦寧曰：「不然。世祖一言，無不爲後世法；一予奪，無不當功罪。且天下所入雖富，苟用不節，必致匱乏。自先朝以來，歲賦已不足用，又數會宗藩，資費無算，旦暮不給，必將橫斂掊怨，豈美事耶。」太后及帝深然其言。俄加大司徒、尙服院使，遙授丞相，〔二〕行大司農，領太醫院事，階金紫光祿大夫。

太廟舊嘗遣官行事，至是復欲如之，邦寧諫曰：「先朝非不欲親致饗祀，誠以疾廢禮耳。

今陛下繼成之初，正宜開彰孝道，以率先天下，躬祀太室，以成一代之典。循習故弊，非臣所知也。」帝稱善。卽日備法駕，宿齋宮，且命邦寧爲大禮使。禮成，加恩三代：曾祖頣，贈銀青光祿大夫、司徒，謚敬懿；祖德懋，贈儀同三司、大司徒，謚忠獻；父撝，贈太保、開府儀同三司，謚文穆。

仁宗卽位，以邦寧舊臣，賜鈔千錠，辭弗受。國學將釋奠，勅遣邦寧致祭于文宣王。點視畢，至位立，殿戶方闢，忽大風起，殿上及兩廡燭盡滅，燭臺底鐵鐏入地尺，無不拔者，邦寧悚息伏地，諸執事者皆伏。良久風定，乃成禮，邦寧因慚悔累日。

初，仁宗爲皇太子，丞相三寶奴等用事，畏仁宗英明，邦寧揣知其意，言於武宗曰：「陛下富於春秋，皇子漸長，父作子述，古之道也，未聞有子而立弟者。」武宗不悅曰：「朕志已定，汝自往東宮言之。」邦寧慚懼而退。仁宗卽位，左右咸請誅之，仁宗曰：「帝王歷數，自有天命，其言何足介懷。」加邦寧開府儀同三司，爲集賢院大學士。以疾卒。

（朴不花）〔三〕

朴不花，高麗人，亦曰王不花。皇后奇氏微時，與不花同鄉里，相爲依倚，及選爲宮人，有寵，遂爲第二皇后，居興聖宮，生皇太子愛猷識理達臘。於是不花以閹人入事皇后者有年，皇后愛幸之，情意甚膠固，累遷官至榮祿大夫、資正院使。資正院者，皇后之財賦悉隸焉。

至正十八年，京師大饑疫，時河南北、山東郡縣皆被兵，民之老幼男女，避居聚京師，以故死者相枕藉。不花欲要譽一時，請于帝，市地收瘞之，帝賜鈔七千錠，中宮及興聖、隆福兩宮，皇太子、皇太子妃，賜金銀及他物有差，省院施者無算；不花出玉帶一、金帶一、銀二錠、米三十四斛、麥六斛、青貂銀鼠裘各一襲以爲費。擇地自南北兩城抵盧溝橋，掘深及泉，男女異壙，人以一屍至者，隨給以鈔，舁負相踵。既覆土，就萬安壽慶寺建無遮大會。至二十年四月，前後瘞者二十萬，用鈔二萬七千九十餘錠、米五百六十餘石。又於大悲寺修水陸大會三晝夜，凡居民病者予之藥，不能喪者給之棺。翰林學士承旨張翥爲文頌其事，曰善惠之碑。

於是帝在位久，而皇太子春秋日盛，軍國之事，皆其所臨決。皇后乃謀內禪皇太子，而使不花喻意於丞相太平，太平不答。二十年，太平乃罷去，而獨搠思監爲丞相。時帝益厭政，不花乘間用事，與搠思監相爲表裏，四方警報、將臣功狀，皆抑而不聞，內外解體，然根株盤固，氣焰薰灼，內外百官趨附之者十九。又宣政院使脫歡，與之同惡相濟，爲國大蠹。

二十三年，監察御史也先帖木兒、孟也先不花、傅公讓等乃劾奏朴不花、脫歡奸邪，當屏黜。御史大夫老的沙以其事聞，皇太子執不下，而皇后庇之尤固，御史乃皆坐左遷。治書侍御史陳祖仁，連上皇太子書切諫之，而臺臣大小皆辭職，皇太子乃爲言於帝，令二人皆辭退。而祖仁言猶不已，又上皇帝書言：「二人亂階禍本，今不芟除，後必不利。漢、唐季世，其禍皆起此輩，而權臣、藩鎭乘之。故千尋之木，呑舟之魚，其腐敗必由於內，陛下誠思之，可爲寒心。臣願俯從臺諫之言，將二人特加擯斥，不令以辭退爲名，成其姦計。海內皆知陛下信賞必罰，自此二人始，將士孰不效力，寇賊亦皆喪膽，天下可全，而有以還祖宗之舊。若優柔不斷，彼惡日盈，將不可制。臣寧餓死于家，誓不與同朝，牽聯及禍。」語具陳祖仁傳。

會侍御史李國鳳亦上書皇太子，言：「不花驕恣無上，招權納賂，奔競之徒，皆出其門，駸駸有趙高、張讓、田令孜之風，漸不可長，衆人所共知之，獨主上與殿下未之知耳。自古宦者，近君親上，使少得志，未有不爲國家禍者。望殿下思履霜堅冰之戒，早賜奏聞，投之西夷，以快衆心，〔四〕則紀綱可振。紀綱振，則天下之公論爲可畏，法度爲不可犯，政治修而百廢舉矣。」由是帝大怒，國鳳、祖仁等亦皆左遷。

時老的沙執其事頗力，皇太子因惡之，而皇后又譖之於內，帝以老的沙母舅故，封爲雍王，遣歸國。已而復以不花爲集賢大學士、崇正院使，〔五〕皇后之力也。老的沙至大同，遂留孛羅帖木兒軍中。是時，搠思監、朴不花方倚擴廓帖木兒爲外援，怨孛羅帖木兒匿老的沙不遣，遂誣孛羅帖木兒與老的沙謀不軌。二十四年，詔削其官，使解兵柄歸四川。孛羅帖木兒知不出帝意，皆搠思監、朴不花所爲，怒不奉詔。宗王不顏帖木兒等爲表言其誣枉，而朝廷亦畏其强不可制，復下詔數搠思監、朴不花互相壅蔽簧惑主聽之罪，屏搠思監于嶺北，竄朴不花于甘肅，以快衆憤，而復孛羅帖木兒官爵。然搠思監、朴不花皆留京城，實未嘗行。

未幾，孛羅帖木兒遣禿堅帖木兒以兵向闕，聲言清君側之惡。(是)〔四〕月十二日，駐于清河，〔六〕帝遣達達國師問故，往復者數四，言必得搠思監、朴不花乃退兵。帝度其勢不可解，不得已，執兩人畀之，其兵乃退。朴不花遂爲孛羅帖木兒所殺。事具搠思監、孛羅帖木兒傳。

校勘記

〔一〕提點太醫院(使)〔事〕　殿本考證云：「事訛使，據百官志改。」從改。

〔二〕遙授丞相　本書卷二二武宗紀至大元年六月戊戌條有「以司徒、平章政事、領大司農李邦寧遙授左丞相」，類編據補「左」字，是。

〔三〕（朴不花） 從道光本删。

〔四〕投之西夷以快衆心 漢書卷二四下食貨志有「投諸四裔，以御魑魅」，指處流刑。道光本改「西夷」爲「四夷」。

〔五〕崇正院使 按本書卷九二百官志、卷一一四后妃傳，崇政院係由資正院改置者。此處「正」當作「政」。類編已校。

〔六〕（是）〔四〕月十二日駐于清河 從道光本改。「是月」前僅有「二十四年」，「是月」二字不可解。按本書卷四六順帝紀至正二十四年夏四月乙巳條、卷二〇七孛羅帖木兒傳，禿堅帖木兒駐兵清河事，皆繫四月乙巳，卽四月十二日。

元史卷二百五

列傳第九十二

姦臣

古之爲史者，善惡備書，所以示勸懲也。故孔子修春秋，於亂臣賊子之事，無不具載，而楚之史名檮杌，皆以戒夫爲惡者，使知所懼而不敢肆焉。後世作史者，有酷吏、佞幸、姦臣、叛逆之傳，良有以也。

元之舊史，往往詳於記善，略於懲惡，是蓋當時史臣有所忌諱，而不敢直書之爾。然姦巧之徒，挾其才術，以取富貴、竊威福，始則毒民誤國而終至於殞身亡家者，其行事之槪，亦或散見於實錄編年之中，猶有春秋之意存焉。謹撮其尤彰著者，彙次而書之，作姦臣傳，以爲世鑒。而叛逆之臣，亦各以類附見云。

阿合馬，回（紇）〔回〕人也。〔一〕不知其所由進，世祖中統三年，始命領中書左右部，兼諸路都轉運使，專以財賦之任委之。阿合馬奏降條畫，宣諭各路運司。明年，以河南鈞、徐等州俱有鐵冶，請給授宣牌，以興鼓鑄之利。世祖陞開平府爲上都，又以阿合馬同知開平府事，領左右部如故。阿合馬奏以禮部尚書馬月合乃兼領已括戶三千，興煽鐵冶，歲輸鐵一百三萬七千斤，就鑄農器二十萬事，易粟輸官者凡四萬石。

至元元年正月，阿合馬言：「太原民煮小鹽，越境販賣，民貪其價廉，競買食之，解鹽以故不售，歲入課銀止七千五百兩。請自今歲增五千兩，無（間）〔問〕僧道軍匠等戶，〔二〕鈞出其賦，其民間通用小鹽從便。」是年秋八月，罷領中書左右部，併入中書，超拜阿合馬爲中書平章政事，進階榮祿大夫。

三年正月，立制國用使司，阿合馬又以平章政事兼領使職。久之，制國用使司奏：「以東京歲課布疏惡不堪用者，就以市羊於彼。眞定、順天金銀不中程者，宜改鑄。別怯赤山出石絨，織爲布火不能然，請遣官採取。」又言：「國家費用浩繁，今歲自車駕至都，已支鈔四千錠，恐來歲度支不足，宜量節經用。」十一月，制國用使司奏：「桓州峪所採銀鑛，已十六萬斤，百斤可得銀三兩、錫二十五斤。採鑛所需，鬻錫以給之。」悉從其請。

七年正月，立尚書省，罷制國用使司，又以阿合馬平章尚書省事。阿合馬爲人多智巧言，以功利成效自負，衆咸稱其能。世祖急於富國，試以行事，頗有成績。又見其與丞相線眞、史天澤等爭辨，屢有以詘之，由是奇其才，授以政柄，言無不從，而不知其專愎益甚矣。丞相安童含容久之，言於世祖曰：「臣近言尚書省、樞密院、御史臺，宜各循常制奏事，其大者從臣等議定奏聞，已有旨兪允。今尚書省一切以聞，似違前奏。」世祖曰：「汝所言是。豈阿合馬以朕頗信用，敢如是耶！其不與卿議非是，宜如卿所言。」又言：「阿合馬所用部官，左丞許衡以爲多非其人，然已得旨咨請宣付，如不與，恐異日有辭。宜試其能否，久當自見。」世祖然之。五月，尚書省奏括天下戶口，既而御史臺言，所在捕蝗，百姓勞擾，括戶事宜少緩。遂止。

初立尚書省時，有旨：「凡銓選各官，吏部擬定資品，呈尚書省，由尚書咨中書聞奏。」至是，阿合馬擢用私人，不由部擬，不咨中書。丞相安童以爲言，世祖令問阿合馬。阿合馬言：「事無大小，皆委之臣，所用之人，臣宜自擇。」安童因請：「自今唯重刑及遷上路總管，始屬之臣，餘事並付阿合馬，庶事體明白。」世祖俱從之。

八年三月，尚書省再以閱實戶口事，奏條畫詔諭天下。是歲，奏增太原鹽課，以千錠爲常額，仍令本路兼領。九年，併尚書省入中書省，又以阿合馬爲中書平章政事。明年，又以其子忽辛爲大都路總管，兼大興府尹。右丞相安童見阿合馬擅權日甚，欲救其弊，乃奏大都路總管以次多不稱職，乞選人代之。尋又奏：「阿合馬、張惠，挾宰相權，爲商賈，以網羅天下大利，厚毒黎民，困無所訴。」阿合馬曰：「誰爲此言，臣等當與廷辯。」安童進曰：「省左司都事周祥，中木取利，罪狀明白。」世祖曰：「若此者，徵畢當顯黜之。」既而樞密院奏以忽辛同僉樞密院事，世祖不允曰：「彼賈胡事猶不知，況可責以機務耶！」

十二年，伯顏帥師伐宋，既渡江，捷報日至。世祖命阿合馬與姚樞、徒單公履、張文謙、陳漢歸、楊誠等，議行鹽、鈔法于江南，及貿易藥材事。阿合馬奏：「樞云：『江南交會不行，必致小民失所。』公履云：『伯顏已嘗榜諭交會不換，今亟行之，失信於民。』文謙謂『可行與否，當詢伯顏』。漢歸及誠皆言：『以中統鈔易其交會，何難之有。』」世祖曰：「樞與公履，不識事機。朕嘗以此問陳巖，巖亦以宋交會速宜更換。今議已定，當依汝言行之。」又奏：「北鹽藥材，樞與公履皆言可使百姓從便販鬻。臣等以爲此事若小民爲之，恐紊亂不一。擬於南京、衞輝等路，籍括藥材，蔡州發鹽十二萬斤，禁諸人私相貿易。」世祖曰：「善，其行之。」

十二年，阿合馬又言：「比因軍興之後，減免編民征稅，又罷轉運司官，令各路總管府兼領課程，以致國用不足。臣以爲莫若驗戶數多寡，遠以就近，立都轉運司，量增舊額，選廉幹官分理其事。應公私鐵鼓鑄，官爲局賣，仍禁諸人毋私造銅器。如此，則民力不屈，而國用充矣。」乃奏立諸路轉運司，以亦必烈金、札馬剌丁、張暠、富珪、蔡德潤、紇石烈亨、阿里和者、完顏迪、姜毅、阿老瓦丁、倒剌沙等爲使。有亦馬都丁者，以負官銀得罪而罷，既死，而所負尚多，中書省奏議裁處。世祖曰：「此財穀事，其與阿合馬議之。」

十五年正月，世祖以西京饑，發粟萬石賑之。又諭阿合馬宜廣貯積，以備闕乏。阿合馬奏：「自今御史臺非白省，毋擅召倉庫吏，亦毋究索錢穀數。及集議中書不至者，罪之。」其沮抑臺察如此。四月，中書左丞崔斌奏曰：「先以江南官冗，委任非人，遂命阿里等澄汰之。今已顯有徵驗，蔽不以聞，是爲罔上。杭州地大，委寄非輕，阿合馬溺於私愛，乃以不肖子抹速忽充達魯花赤，佩虎符，此豈量才授任之道。」又言：「阿合馬先自陳乞免其子弟之任，乃今身爲平章，而子若姪或爲行省參政，或爲禮部尚書、將作院達魯花赤、領會同館，一門悉處要津，自背前言，有虧公道。」有旨並罷黜之。然終不以是爲阿合馬罪。世祖嘗謂淮西宣慰使昂吉兒曰：「夫宰相者，明天道，察地理，盡人事，兼此三者，乃爲稱職。阿里海牙、麥朮丁等，亦未可爲相，回回人中，阿合馬才任宰相。」其爲上所稱道如此。

十六年四月，中書奏立江西榷茶運司，及諸路轉運鹽使司、宣課提舉司。未幾，以忽辛爲中書右丞。明年，中書省奏：「阿塔海、阿里言，今立宣課提舉司，官吏至五百餘員。左丞陳巖、范文虎等言其擾民，且侵盜官錢。乞罷之。」阿合馬奏：「昨有旨籍江南糧數，屢移文取索，不以實上。遂與樞密院、御史臺及廷臣諸老集議，謂設立運司，官多俸重，宜諸路立提舉司，都省、行省各委一人任其事。今行省未嘗委人，即請罷之，乃歸咎臣等。然臣所委人，有至者僅兩月，計其侵用凡千一百錠，以彼所管四年較之，又當幾何？今立提舉司，未及三月而罷，豈非恐彼姦弊呈露，故先自言以絕迹耶？宜令御史臺遣能臣同往，凡有非法，具以實聞。」世祖曰：「阿合馬所言是，其令臺中選人以往。若己能自白，方可責人。」

阿合馬嘗奏宜立大宗正府。世祖曰：「此事豈卿輩所宜言，乃朕事也。然宗正之名，朕未之知，汝言良是，其思之。」阿合馬欲理算江淮行省平章阿里伯、右丞燕帖木兒立行省以來一切錢穀，奏遣不魯合答兒、劉思愈等往檢覈之，得其擅易命官八百員，自分左右司官，及鑄造銅印等事，以聞。世祖曰：「阿里伯等何以爲辭？」阿合馬曰：「彼謂行省昔嘗鑄印矣。臣謂昔以江南未定，故便宜行之，今與昔時事異。又擅支糧四十七萬石，奏罷宣課提舉司及中書遣官理算，徵鈔萬二千錠有奇。」二人竟以是就戮。

時阿合馬在位日久，益肆貪橫，援引奸黨郝禎、耿仁，驟升同列，陰謀交通，專事蒙蔽，逋賦不蠲，衆庶流移，京兆等路歲辦課至五萬四千錠，猶以爲未實。民有附郭美田，輒取爲己有。內通貨賄，外示威刑，廷中相視，無敢論列。有宿衞士秦長卿者，慨然上書發其姦，竟爲阿合馬所害，斃于獄。事見長卿傳。

十九年三月，世祖在上都，皇太子從。有益都千戶王著者，素志疾惡，因人心憤怨，密鑄大銅鎚，自誓願擊阿合馬首。會妖僧高和尙，以祕術行軍中，無驗而歸，詐稱死，殺其徒，以尸欺衆，逃去，人亦莫知。著乃與合謀，以戊寅日，詐稱皇太子還都作佛事，結八十餘人，夜入京城。旦遣二僧詣中書省，令市齋物，省中疑而訊之，不伏。及午，著又遣崔總管矯傳令旨，俾樞密副使張易發兵若干，以是夜會東宮前。易莫察其僞，卽令指揮使顏義領兵俱往。著自馳見阿合馬，詭言太子將至，令省官悉候于宮前。阿合馬遣右司郎中脫歡察兒等數騎出關，北行十餘里，遇其衆，僞太子者責以無禮，盡殺之，奪其馬，南入健德門。夜二鼓，莫敢何問，至東宮前，其徒皆下馬，獨僞太子者立馬指揮，呼省官至前，責阿合馬數語，著卽牽去，以所袖銅鎚碎其腦，立斃。繼呼左丞郝禎至，殺之。囚右丞張惠。樞密院、御史臺、留守司官皆遙望，莫測其故。尙書張九思自宮中大呼，以爲詐，留守司達魯花赤博敦，遂持梃前，擊立馬者墜地，弓矢亂發，衆奔潰，多就禽。高和尙等逃去，著挺身請囚。

中丞也先帖木兒馳奏世祖，時方駐蹕察罕腦兒，聞之震怒，卽日至上都。命樞密副使孛羅、司徒和禮霍孫、參政阿里等馳驛至大都，討爲亂者。庚辰，獲高和尙于高梁河。辛巳，孛羅等至都。壬午，誅王著、高和尙于市，皆醢之，幷殺張易。著臨刑大呼曰：「王著爲天下除害，今死矣，異日必有爲我書其事者。」

阿合馬死，世祖猶不深知其姦，令中書毋問其妻子。及詢孛羅，乃盡得其罪惡，始大怒曰：「王著殺之，誠是也。」乃命發墓剖棺，戮尸于通玄門外，縱犬啗其肉。百官士庶，聚觀稱快。子姪皆伏誅，沒入其家屬財產。其妾有名引住者，籍其藏，得二熟人皮於櫃中，兩耳具存，一閹豎專掌其扃鐍，訊問莫知爲何人，但云「詛呪時，置神座其上，應驗甚速」。又以絹二幅，畫甲騎數重，圍守一幄殿，兵皆張弦挺刃內向，如擊刺之爲者。畫者陳其姓。又有曹震圭者，嘗推算阿合馬所生年月。王臺判者，妄引圖讖。皆言涉不軌。事聞，敕剝四人者皮以徇。

盧世榮，大名人也。阿合馬專政，世榮以賄進，爲江西榷茶運使，後以罪廢。阿合馬死，朝廷之臣諱言財利事，皆無以副世祖裕國足民之意。有桑哥者，薦世榮有才術，謂能救鈔法，增課額，上可裕國，下不損民。世祖召見，奏對稱旨。至元二十一年十一月辛丑，召中書省官與世榮廷辨，論所當爲之事，右丞相和禮霍孫等守正不撓，爲强詞所勝，與右丞麥朮丁，參政張雄飛、溫迪罕皆罷，復起安童爲右丞相，以世榮爲右丞，而左丞史樞，參政不魯迷失海牙、撒的迷失，參議中書省事拜降，皆世榮所薦也。

世榮既驟被顯用，卽日奉旨中書整治鈔法，遍行中外，官吏奉法不虔者，加以罪。翌日，同右丞相安童奏：「竊見老幼疾病之民，衣食不給，行乞於市，非盛世所宜見。宜官給衣糧，委各路正官提舉其事。」又奏懷孟竹園、江湖魚課，及襄淮屯田事。越三日，安童奏：「世榮所陳數事，乞詔示天下。」世祖曰：「除給丐者衣食外，並依所陳。」乃下詔云：「金銀係民間通行之物，自立平準庫，禁百姓私相買賣，今後聽民間從便交易。懷孟諸路竹貨，係百姓栽植，有司拘禁發賣，使民重困，又致南北竹貨不通；今罷各處竹監，從民貨賣收稅。江湖魚課，已有定例，長流採捕，貧民恃以爲生，所在拘禁，今後聽民採用。軍國事務往來，全資站驛，馬價近增，又令各戶供使臣飲食，以致疲弊，今後除驛馬外，其餘官爲支給。」

既而中書省又奏：「鹽每引十五兩，國家未嘗多取，欲便民食。今官豪詭名罔利，停貨待價，至一引賣八十貫，京師亦百二十貫，貧者多不得食。議以二百萬引給商，一百萬引散諸路，立常平鹽局，或販者增價，官平其直以售，庶民用給，而國計亦得。」世祖從之。

世榮居中書未十日，御史中丞崔彧言其不可爲相，大忤旨，下彧吏按問，罷職。世榮言：「京師富豪戶釀酒酤賣，價高味薄，且課不時輸，宜一切禁罷，官自酤賣。」明年正月壬午，世祖御香殿，世榮奏：「臣言天下歲課鈔九十三萬二千六百錠之外，臣更經畫，不取於民，裁抑權勢所侵，可增三百萬錠。初未行下，而中外已非議，臣請與臺院面議上前行之。」

世祖曰：「不必如此，卿但言之。」世榮奏：「古有榷酤之法，今宜立四品提舉司，以領天下之課，歲可得鈔千四百四十錠。自王文統誅後，鈔法虛弊，爲今之計，莫若依漢、唐故事，括銅鑄至元錢，及製綾券，與鈔參行。」因以所織綾券上之。世祖曰：「便益之事，當速行之。」

又奏：「於泉、杭二州立市舶都轉運司，造船給本，令人商販，官有其利七，商有其三。禁私泛海者，拘其先所蓄寶貨，官買之；匿者，許告，沒其財，半給告者。今國家雖有常平倉，實無所畜。臣將不費一錢，但盡禁權勢所擅產鐵之所，官立鑪鼓鑄爲器鬻之，以所得利合常平鹽課，糴粟積於倉，待貴時糶之，必能使物價恒賤，而獲厚利。國家雖立平準，然無曉規運者，以致鈔法虛弊，諸物踊貴。宜令各路立平準周急庫，輕其月息，以貸貧民，如此，則貸者衆，而本且不失。又，隨朝官吏增俸，州郡未及，可於各都立市易司，領諸牙儈人，計商人物貨，四十分取一，以十爲率，四給牙儈，六爲官吏俸。國家以兵得天下，不藉糧餽，惟資羊馬，宜於上都、隆興等路，以官錢買幣帛易羊馬於北方，選蒙古人牧之，收其皮毛筋角酥酪等物，十分爲率，官取其八，二與牧者。馬以備軍興，羊以充賜予。」帝曰：「汝先言數事皆善，固當速行。此事亦善，祖宗時亦欲行之而不果，朕當思之。」世榮因奏曰：「臣之行事，多爲人所怨，後必有譖臣者，臣實懼焉，請先言之。」世祖曰：「汝言皆是，惟欲人無言者，安有是理。汝無防朕，飲食起居間可自爲防。疾足之犬，狐不愛焉，主人豈不愛之。汝之所行，朕自愛也，彼姦僞者則不愛耳。汝之職分既定，其無以一二人從行，亦當謹衞門戶。」遂諭丞相安童增其從人，其爲帝所倚眷如此。

又十有餘日，中書省請罷行御史臺，其所隸按察司隸內臺。又請隨行省所在立行樞密院。世祖曰：「行院之事，前日已議，由阿合馬任智自私，欲其子忽辛行省兼兵柄而止。汝今行之，於事爲宜。」明日，奏陞六部爲二品。又奏令按察司總各路錢穀，擇幹濟者用之，其刑名事上御史臺，錢穀由部申省。世祖曰：「汝與老臣共議，然後行之可也。」

二月辛酉，御史臺奏：「中書省請罷行臺，改按察爲提刑轉運司，俾兼錢穀。臣等竊惟：初置行臺時，朝廷老臣集議，以爲有益，今無所損，不可輒罷。且按察司兼轉運，則糾彈之職廢。請右丞相復與朝廷老臣集議。」得旨如所請。壬戌，御史臺奏：「前奉旨，令臣等議罷行臺及兼轉運事。世榮言按察司所任，皆長才舉職之人，可兼錢穀。而廷臣皆以爲不可，彼所取人，臣不敢止，惟言行臺不可罷者，衆議皆然。」世祖曰：「世榮以爲何如？」奏曰：「欲罷之耳。」世祖曰：「其依世榮言。」

中書省奏立規措所，秩五品，所司官吏，以善賈者爲之。世祖曰：「此何職？」世榮對曰：「規畫錢穀者。」遂從之。又奏：「天下能規運錢穀者，向日皆在阿合馬之門，今籍錄以爲污濫，此豈可盡廢。臣欲擇其通才可用者，然懼有言臣用罪人。」世祖曰：「何必言此，可用者用之。」遂以前河間轉運使張弘綱、撒都丁、不魯合散、孫桓，並爲河間、山東等路都轉運鹽使。其他擢用者甚衆。

世榮既以利自任，懼怨之者衆，乃以九事說世祖詔天下：其一，免民間包銀三年；其二，官吏俸免民間帶納；其三，免大都地稅；其四，江淮民失業貧困、鬻妻子以自給者，所在官爲收贖，使爲良民；其五，逃移復業者，免其差稅；其六，鄉民造醋者，免收課；其七，江南田主收佃客租課，減免一分；其八，添支內外官吏俸五分；其九，定百官考課升擢之法。大抵欲以釋怨要譽而已，世祖悉從之。

既而又奏：「立眞定、濟南、江淮等處宣慰司兼都轉運使〔司〕，〔三〕以治課程，仍立條例，禁諸司不得追攝管課官吏，及遣人輒至辦課處沮擾，按察司不得檢察文卷。」又奏：「大都酒課，日用米千石，以天下之衆比京師，當居三分之一，酒課亦當日用米三千石。今各路但總計日用米三百六十石而已，其奸欺盜隱如此，安可不禁。臣等已責各官增舊課二十倍，後有不如數者，重其罪。」皆從之。

三月庚子，世榮奏以宣德、王好禮並爲浙西道宣慰使。世祖曰：「宣德，人多言其惡。」世榮奏：「彼入狀中書，能歲辦鈔七十五萬錠，是以令往。」從之。四月，世榮奏曰：「臣伏蒙聖眷，事皆委臣。臣愚以爲今日之事，如數萬頃田，昔無田之者，草生其間。臣今創田之，已耕者有焉，未耕者有焉，或纔播種，或既生苗，然不令人守之，爲物蹂踐，則可惜也。方今丞相安童，督臣所行，是守田者也。然不假之以力，則田者亦徒勞耳。守田者假之力矣，而天不雨，則亦終無成。所謂天雨者，陛下與臣添力是也。惟陛下憐臣。」世祖曰：「朕知之矣。」令奏行事之目，皆從之。

世榮居中書纔數月，恃委任之專，肆無忌憚，視丞相猶虛位也。左司郎中周戭與世榮稍不合，坐以廢格詔旨，奏而殺之，朝中凜凜。監察御史陳天祥上章劾之，大概言其「苛刻誅求，爲國斂怨，將見民間凋耗，天下空虛。考其所行與所言者，已不相副：始言能令鈔法如舊，弊今愈甚；始言能令百物自賤，今百物愈貴；始言課程增至三百萬錠，〔四〕不取於民，今迫脅諸路，勒令如數虛認而已；始言令民快樂，今所爲無非擾民之事。若不早爲更張，待其自敗，正猶蠹雖除而木已病矣」。世祖時在上都，御史大夫玉速帖木兒以其狀聞，世祖始大悟，卽日遣唆都八都兒、禿剌帖木兒等還大都，命安童集諸司官吏、老臣、儒士，及知民間事者，同世榮聽天祥彈文，仍令世榮、天祥同赴上都。

壬戌，御史中丞阿剌帖木兒、郭佑，侍御史白禿剌帖木兒，參政撒的迷失等，以世榮所伏罪狀奏曰：「不白丞相安童，支鈔二十萬錠。擅升六部爲二品。效李壇令急遞鋪用紅青白三色囊轉行文字。不與樞密院議，調三行省萬二千人置濟州，委漕運使陳柔爲萬戶管領。

以沙全代萬戶甯玉戍浙西吳江。用阿合馬黨人潘傑、馮珪爲杭、鄂二行省參政，宣德爲杭州宣慰，餘分布中外者衆。以鈔虛，閉回易庫，民間昏鈔不可行。罷白酵課。立野麵、木植、磁器、桑棗、煤炭、匹段、青果、油坊諸牙行。調出縣官鈔八十六萬餘錠。」丞相安童言：「世榮昔奏，能不取於民歲辦鈔三百萬錠，令鈔復實，諸物悉賤，民得休息，數月卽有成效。今已四閱月，所行不符所言，錢穀出者多於所入，引用憸人，紊亂選法。」翰林學士趙孟傳等，亦以爲「世榮初以財賦自任，當時人情不敢預料，將謂別有方術，可以增益國用。及今觀之，不過如御史所言。更張之機，正在今日。若復恣其所行，爲害非細」。

阿剌帖木兒同天祥等與世榮對於世祖前，一一款伏。遣忽都帶兒傳旨中書省，命丞相安童與諸老臣議，世榮所行，當罷者罷之，更者更之，所用人實無罪者，朕自裁處。遂下世榮于獄。十一月乙未，世祖問忽剌出曰：「汝於盧世榮有何言？」對曰：「近漢人新居中書者，言世榮款伏，罪無遺者，獄已竟矣，猶日養之，徒費廩食。」有旨誅世榮，刲其肉以食禽獺。

桑哥，膽巴國師之弟子也。能通諸國言語，故嘗爲西蕃譯史。爲人狡黠豪橫，好言財利事，世祖喜之。及後貴幸，乃諱言師事膽巴而背之。至元中，擢爲總制院使。總制院者，掌浮圖氏之教，兼治吐蕃之事。御史臺嘗欲以章閭爲按察使，世祖曰：「此人桑哥嘗言之。」

及盧世榮見用，亦由桑哥之薦。中書省嘗令李留判者市油，桑哥自請得其錢市之，司徒和禮霍孫謂非汝所宜爲，桑哥不服，至與相毆，且謂之曰：「與其使漢人侵盜，曷若與僧寺及官府營利息乎？」乃以油萬斤與之。桑哥後以所營息錢進，和禮霍孫曰：「我初不悟此也。」一日，桑哥在世祖前論和雇和買事，因語及此，世祖益喜，始有大任之意。嘗有旨令桑哥具省臣姓名以進，廷中有所建置，人才進退，桑哥咸與聞焉。

二十四年〔閏〕二月，〔五〕復置尚書省，遂以桑哥與鐵木兒爲平章政事。詔告天下，改行中書省爲行尚書省，六部爲尚書六部。三月，更定鈔法，頒行至元寶鈔於天下，中統鈔通行如故。桑哥嘗奉旨檢覈中書省事，凡校出虧欠鈔四千七百七十錠、昏鈔一千三百四十五錠，平章麥朮丁卽自伏，參政楊居寬微自辯，以爲實掌銓選，錢穀非所專。桑哥令左右拳其面，因問曰：「旣典選事，果無黜陟失當者乎？」尋亦引服。參議伯降以下，凡鈎考違惰耗失等事，及參議王巨濟嘗言新鈔不便忤旨，各款伏。遣參政忻都奏聞，世祖令丞相安童與桑哥共議，且諭：「毋令麥朮丁等他日得以脅問誣伏爲辭，此輩固狡獪人也。」

數日，桑哥又奏：「鞫中書參政郭佑，多所逋負，尸位不言，以疾爲託。臣謂中書之務，隳惰如此，汝力不能及，何不告之蒙古大臣，故毆辱之，今已款服。」世祖命窮詰之。佑與居寬後皆棄市，人咸寃焉。臺吏王良弼，嘗與人議尚書省政事，又言：「尚書鈎校中書，不遺餘力，他日我曹得發尙書奸利，其誅籍無難。」桑哥聞之，捕良弼至，與中書臺院札魯忽赤鞫問，款服，謂此曹誹謗，不誅無以懲後。遂誅良弼，籍其家。有吳德者，嘗爲江寧縣達魯花赤，求仕不遂，私與人非議時政，又言：「尙書今日覈正中書之弊，他日復爲中書所覈，汝獨不死也耶。」或以告桑哥，亟捕德按問，殺之，沒其妻子入官。

桑哥嘗奏以沙不丁遙授江淮行省左丞，烏馬兒爲參政，依前領泉府、市舶兩司，拜降福建行省平章。既得旨，乃言於世祖曰：「臣前言，凡任省臣與行省官，並與丞相安童共議。今奏用沙不丁、烏馬兒等，適丞相還大都，不及通議，臣恐有以前奏爲言者。」世祖曰：「安童不在，朕，若主也。朕已允行，有言者，其令朕前言之。」

時江南行臺與行省，並無文移，事無巨細，必咨內臺呈省聞奏。桑哥以其往復稽留誤事，宜如內臺例，分呈各省。又言：「按察司文案，宜從各路民官檢覈，遞相糾舉。且自太祖時有旨，凡臨官事者互相覺察，此故事也。」從之。

十月乙酉，世祖遣諭旨翰林諸臣：「以丞相領尙書省，漢、唐有此制否？」咸對曰：「有之。」翌日，左丞葉李以翰林、集賢諸臣所對奏之，且言：「前省官不能行者，平章桑哥能之，宜爲右丞相。」制曰「可」。遂以桑哥爲尙書右丞相，兼(統)〔總〕制院使，〔六〕領功德使司事，進階金紫光祿大夫。於是桑哥奏以平章鐵木兒代其位，右丞阿剌渾撒里陞平章政事，葉李遷右丞，參政馬紹陞左丞。

十一月，桑哥言：「臣前以諸道宣慰司及路府州縣官吏，稽緩誤事，奉旨遣人遍笞責之。今眞定宣慰使速哥、南京宣慰使答失蠻，皆勳賢舊臣之子，宜取聖裁。」勑罷其任。明年正月，以甘肅行尚書省參政鐵木哥無心任事，又不與協力，奏乞牙帶代之。未幾，又以江西行尚書省平章政事忽都鐵木兒不職，奏而罷之。兵部尚書忽都答兒不勤其職，桑哥毆罷之而後奏，世祖曰：「若此等不罷，汝事何由得行也。」萬億庫有舊牌條七千餘條，桑哥言歲久則腐，宜析而他用。賜諸王出伯銀二萬五千兩、幣帛萬匹，載以官驢，至則併以爲賜。桑哥言：「不若以驢載玉而回。」世祖甚然之。其欲以小利結知如此。

漕運司達魯花赤怯來，未嘗巡察沿河諸倉，致盜詐腐敗者多，桑哥議以兵部侍郎塔察兒代之。自立尚書省，凡倉庫諸司，無不鈎考，先摘委六部官，復以爲不專，乃置徵理司，以治財穀之當追者。時桑哥以理算爲事，毫分縷析，入倉庫者，無不破產，及當更代，人皆棄家而避之。十月，桑哥奏：「湖廣行省錢穀，已責平章要束木自首償矣。外省欺盜必多，乞以參政忻都、戶部尚書王巨濟、參議尚書省事阿散、山東西道提刑按察使何榮祖、札魯忽赤禿忽魯、泉府司卿李佑、奉御吉丁、監察御史戎益、僉樞密院事崔彧、尚書省斷事官燕眞、刑部尚書安祐、監察御史伯顏等十二人，理算江淮、江西、福建、四川、甘肅、安西六省，每省各二人，特給印章與之。省部官旣去，事不可廢，擬選人爲代，聽食元俸。理算之間，宜給兵以備使令，且以爲衞。」世祖皆從之。

當是時天下騷然，江淮尤甚，而諛佞之徒，方且諷都民史吉等爲桑哥立石頌德，世祖聞之曰：「民欲立則立之，仍以告桑哥，使其喜也。」於是翰林製文，題曰王公輔政之碑。桑哥又以總制院所統西蕃諸宣慰司，軍民財穀，事體甚重，宜有以崇異之，奏改爲宣政院，秩從一品，用三臺銀印。世祖問所用何人，對曰：「臣與脫因。」於是命桑哥以開府儀同三司、尙書右丞相，兼宣政使，領功德使司事，脫因同爲使。世祖嘗召桑哥謂曰：「朕以葉李言，更至元鈔，所用者法，所貴者信，汝無以楮視之，其本不可失，汝宜識之。」

二十六年，桑哥請鉤考甘肅行尙書省、及益都淄萊淘金總管府，僉省趙仁榮、總管明里等，皆以罪罷。世祖幸上都，桑哥言：「去歲陛下幸上都，臣日視內帑諸庫，今歲欲乘小輿以行，人必竊議。」世祖曰：「聽人議之，汝乘之可也。」桑哥又奏：「近委省臣檢責左右司文簿，凡經監察御史稽照者，遺逸尙多。自今當令監察御史卽省部稽照，書姓名於卷末，苟有遺逸，易於歸罪。仍命侍御史堅童視之，失則連坐。」世祖從之，乃笞監察御史四人。是後監察御史赴省部者，掾令史與之抗禮，但遣小吏持文簿置案而去，監察御史遍閱之，而臺綱廢矣。參政忻都旣去，尋召赴闕。以戶部尙書王巨濟專任理算，江淮省左丞相忙兀帶總之。

閏十月，桑哥輔政碑成，樹于省前，樓覆其上而丹雘之。桑哥言：「國家經費既廣，歲入恒不償所出，以往歲計之，不足者餘百萬錠。自尚書省鈎考天下財穀，賴陛下福，以所徵補之，未嘗斂及百姓。臣恐自今難用此法矣。何則？倉庫可徵者少，而盜者亦鮮矣，臣憂之。臣愚以爲鹽課每引今直中統鈔三十貫，宜增爲一錠；茶每引今直五貫，宜增爲十貫；酒醋稅課，江南宜增額十萬錠，內地五萬錠。協濟戶十八萬，自入籍至今十三年，止輸半賦，聞其力已完，宜增爲全賦。如此，則國用庶可支，臣等免於罪矣。」世祖曰：「如所議行之。」

桑哥既專政，凡銓調內外官，皆由於己，而其宣敕，尚由中書，桑哥以爲言，世祖乃命自今宣敕並付尚書省。由是以刑爵爲貨而販之，咸走其門，入貴價以買所欲。貴價入，則當刑者脫，求爵者得，綱紀大壞，人心駭愕。

二十八年春，世祖畋於漷北，也里審班及也先帖木兒、徹里等，劾奏桑哥專權黷貨。時不忽木出使，三遣人趣召之至，覲於行殿，世祖以問，不忽木對曰：「桑哥壅蔽聰明，紊亂政事，有言者卽誣以他罪而殺之。今百姓失業，盜賊蠭起，召亂在旦夕，非亟誅之，恐爲陛下憂。」留守賀伯顏，亦嘗爲世祖陳其奸欺。久而言者益衆，世祖始決意誅之。

二月，〔七〕世祖諭大夫月兒魯曰：「屢聞桑哥沮抑臺綱，杜言者之口；又嘗捶撻御史，其所罪者何事，當與辨之。」桑哥等持御史李渠等已刷文卷至，令侍御史杜思敬等勘驗辨論，往復數四，桑哥等辭屈。明日，帝駐蹕(土)〔大〕口，〔八〕復召御史臺暨中書、尚書兩省官辨論。尚書省執卷奏曰：「前浙西按察使只必，因監燒鈔受贓至千錠，嘗檄臺徵之，二年不報。」思敬曰：「文之次第，盡在卷中，今尚書省拆卷持對，其弊可見。」速古兒赤闍里抱卷至前奏曰：「用朱印以封紙縫者，防欺弊也。若輩爲宰相，乃拆卷破印與人辨，是教吏爲奸，當治其罪。」世祖是之。責御史臺曰：「桑哥爲惡，始終四年，其奸贓暴著非一，汝臺臣難云不知。」中丞趙國輔對曰：「知之。」世祖曰：「知而不劾，自當何罪？」思敬等對曰：「奪官追俸，惟上所裁。」數日不決。大夫月兒魯奏：「臺臣久任者當斥罷，新者存之。」乃仆桑哥輔政碑，下獄究問。至七月，乃伏誅。

平章要束木者，桑哥之妻黨，在湖廣時，正月朔日，百官會行省，朝服以俟。要束木召至其家，受賀畢，方詣省望闕，賀如常儀。又陰召卜者有不軌言。至是，中書列其罪以聞，世祖命械致湖廣，即其省戮之。

鐵木迭兒者，木兒火赤之子也。嘗逮事世祖。成宗大德間，同知宣徽院事，兼通政院使。武宗即位，爲宣徽使。至大元年，由江西行省平章政事，拜雲南行省左丞相。居一載，擅離職赴闕，尚書省奏，奉旨詰問，尋以皇太后旨，得貸罪還職。明年正月，武宗崩，仁宗在東宮，以丞相三寶奴等變亂舊章，誅之。用完澤及李孟爲中書平章政事，銳欲更張庶務。而皇太后在興聖宮，已有旨，召鐵木迭兒爲中書右丞相。踰月，仁宗卽位，因遂相之。及幸上都，命鐵木迭兒留守大都，平章完澤等奏：「故事，丞相留治京師者，出入得張蓋。今右丞相鐵木迭兒大都居守，時方盛暑，請得張蓋如故事。」許之。是年冬，制贈鐵木迭兒曾祖唆海翊運宣力保大功臣、太尉，謚武烈；祖不憐吉帶推誠保德定遠功臣、太尉，謚忠武；父木兒火赤推忠佐理同德功臣、太師，謚忠貞：並開府儀同三司、上柱國，追封歸德王。

皇慶元年三月，鐵木迭兒奏：「臣誤蒙聖恩，擢任中書，年衰且病，雖未能深達政體，思竭忠力，以圖報效，事有創行，敢不自勉，前省弊政，方與更新。欽惟列聖相承，混一區宇，日有萬幾，若非整飭，恐致解弛。繼今朝夕視事，左右司六部官有不盡心者，當論決，再不悛者，黜勿敍，其有託故僥倖他職者，亦不敍。」仁宗是其言。既而以病去職。

延祐改元，丞相哈散奏：「臣非世勳族姓，幸逢陛下爲宰相，如丞相鐵木迭兒，練達政體，且嘗監修國史，乞授其印，俾領翰林國史院，軍國重務，悉令議之。」仁宗曰：「然。卿其啓諸皇太后。」與之印，大事必使預聞。」遂拜開府儀同三司、監修國史、錄軍國重事。居數月，復拜中書右丞相，合散爲左丞相。鐵木迭兒奏：「蒙陛下憐臣，復擢爲首相，依阿不言，誠負聖眷。比聞內侍隔越奏旨者衆，倘非禁止，致治實難。請敕諸司，自今中書政務，毋輒干預。又往時富民，往諸蕃商販，率獲厚利，商者益衆，中國物輕，蕃貨反重。今請以江浙右丞曹立領其事，發舟十綱，給牒以往，歸則征稅如制；私往者，沒其貨。又，經用不給，苟不預爲規畫，必至悞誤。臣等集諸老議，皆謂動鈔本，則鈔法愈虛；加賦稅，則毒流黎庶；增課額，則比國初已倍五十矣。惟預買山東、河間運使來歲鹽引，及各冶鐵貨，庶可以足今歲之用。又，江南田糧，往歲雖嘗經理，多未覈實。可始自江浙，以及江東、西，宜先事嚴限格、信罪賞，令田主手實頃畝狀入官，諸王、駙馬、學校、寺觀亦令如之；仍禁私匿民田，貴戚勢家，毋得沮撓。請敕臺臣協力以成，則國用足矣。」仁宗皆從之。尋遣使者分行各省，括田增稅，苛急煩擾，江右爲甚，致贛民蔡五九作亂寧都，南方騷動，遠近驚懼，乃罷其事。

明年，鐵木迭兒奏：「天下庶務，雖統於中書，而舊制，省臣亦分領之。請以錢帛、鈔法、刑名，委平章李孟、左丞阿卜海牙、參政趙世延等領之。其糧儲、選法、造作、驛傳，委平章張驢、右丞蕭拜住、參政曹從革等領之。」得旨如所請。七月，詔諭中外，命右丞相鐵木迭兒總宣政院事。十月，進位太師。十一月，大宗正府奏：「累朝舊制，凡議重刑，必決於蒙古大臣，今宜聽於太師右丞相。」從之。

鐵木迭兒既再入中書，居首相，怙勢貪虐，兇穢滋甚。於是蕭拜住自御史中丞爲中書右丞，尋拜平章政事，稍牽制之。而楊朶兒只自侍御史拜中丞，慨然以糾正其罪爲己任。上都富人張弼殺人繫獄，鐵木迭兒使家奴脅留守賀伯顏，使出之，伯顏持正不可撓。而朶兒只已廉得丞相所受張弼賂有顯徵，乃與拜住及伯顏奏之：「內外監察御史凡四十餘人，共劾鐵木迭兒桀黠姦貪，陰賊險狠，蒙上罔下，蠹政害民，布置爪牙，威讋朝野，凡可以誣陷善人、要功利己者，靡所不至。取晉王田千餘畝、興教寺後壖園地三十畝、衞兵牧地二十餘畝。竊食郊廟供祀馬。受諸王合兒班答使人鈔十四萬貫，寶珠玉帶氍毹幣帛又計鈔十餘萬貫。受杭州永興寺僧章自福賂金一百五十兩。取殺人囚張弼鈔五萬貫。且既已位極人臣，又領宣政院事，以其子八里吉思爲之使。諸子無功於國，盡居貴顯。縱家奴陵虐官府，爲害百端。以致陰陽不和，山移地震，災異數見，百姓流亡，己乃恬然略無省悔。私家之富，又在阿合馬、桑哥之上。四海疾怨已久，咸願車裂斬首，以快其心。如蒙早加顯戮，以示天下，庶使後之爲臣者，知所警戒。」奏旣上，仁宗震怒，有詔逮問，鐵木迭兒匿興聖近侍家，有司不得捕。仁宗不樂者數日，又恐誠出皇太后意，不忍重傷咈之，乃僅罷其相位而已。

鐵木迭兒家居未逾年，又起爲太子太師，中外聞之，莫不驚駭。參政趙世延爲御史中丞，率諸御史論其不法數十事，〔九〕而內外御史論其不可輔導東宮者，又四十餘人。然以皇太后故，終不能明正其罪。

明年正月辛丑，仁宗崩。越四日，鐵木迭兒以皇太后旨，復入中書爲右丞相。又逾月，英宗猶在東宮，鐵木迭兒宣太后旨，召蕭拜住與朶兒只至徽政院，與徽政院使失里門、御史大夫禿忒哈雜問之，責以前違太后旨，令伏罪。卽起入奏，遽稱旨，執二人棄市。是日，白晝晦冥，都人恟懼。

英宗將行卽位禮，鐵木迭兒恒病足，中書省啓：「祖宗以來，皇帝登極，中書率百官稱賀，班首惟上所命。」英宗曰：「其以鐵木迭兒爲之。」旣卽位，鐵木迭兒卽奏委平章王毅、右丞高昉等徵理在京倉庫所貯糧，虧七十八萬石，責償於倉官及監臨出內者。所貢幣帛紕繆者，責償於本處官吏之董其事者。仍立程嚴督，違者杖之。五月，英宗在上都，鐵木迭兒矮留守賀伯顏素不附己，乃奏其以便服迎詔爲不敬，下五府雜治，竟殺之。都民爲之流涕。

趙世延時爲四川行省平章政事，鐵木迭兒怒其昔嘗論己，方入相時，卽從東宮啓英宗遣人逮捕之。世延未至，鐵木迭兒使諷世延，啗以美官，令告引同時異己者，世延不肯從。至是，坐以違詔不敬，令法司窮治，請置極刑。英宗曰：「彼罪在赦前，所宜釋免。」鐵木迭兒對曰：「昔世延與省臺諸人謀害老臣，請究其姓名。」英宗曰：「事皆在赦前矣，又焉用問。」後數日，又奏世延當處死罪，又不允。有司承望風旨，鍛鍊欲使自裁，世延終無所屈，賴英宗素聞其忠良，得免於死。

鐵木迭兒恃其權寵，乘間肆毒，睚眦之私，無有不報。英宗覺其所譖毀者，皆先帝舊人，滋不悅其所爲，乃任拜住爲左丞相，委以心腹。鐵木迭兒漸見疏外，以疾死于家。御史蓋繼元、宋翼，言其上負國恩，下失民望，生逃顯戮，死有餘辜。乃命毀所立碑，追奪其官爵及封贈制書，籍沒其家。

子班丹，知樞密院事，尋以贓敗，不敍；鎖南，嘗爲治書侍御史，其後鐵失弑英宗，鎖南以逆黨伏誅。

（哈麻）〔一〇〕

哈麻字士廉，康里人。父禿魯，母爲寧宗乳母，禿魯以故封冀國公，加太尉，階金紫光祿大夫。哈麻與其弟雪雪，早備宿衞，順帝深眷寵之。而哈麻有口才，尤爲帝所褻幸，累遷官爲殿中侍御史。雪雪累官集賢學士。帝每即內殿與哈麻以雙陸爲戲，一日，哈麻服新衣侍側，帝方啜茶，即噀茶於其衣。哈麻視帝曰：「天子固當如是耶！」帝一笑而已。其被愛幸，無與爲比。

由是哈麻聲勢日盛，自藩王戚里，皆遺賂之。尋以謀害脫脫，出貶南安，召入爲禮部尚書，俄遷同知樞密院事。至正初，脫脫爲丞相，其弟也先帖木兒爲御史大夫，哈麻日趨附其兄弟之門。會脫脫去相位，而別兒怯不花爲丞相，與脫脫有舊怨，頗欲中傷之，哈麻每於帝前力營護之，以故得免。

初，別兒怯不花與太平、韓嘉納、禿滿迭兒等十人，結爲兄弟，情好甚密。及別兒怯不花旣罷，九年，太平爲左丞相，韓嘉納爲御史大夫，乃謀黜哈麻，諷監察御史斡勒海壽，列其罪惡劾奏之：其小罪，則受宣讓王等駝馬諸物；其大者，則設帳房於御幄之後，無君臣之分。又，恃以提調寧徽寺爲名，出入脫忽思皇后宮闈無間，犯分之罪尤大。寧徽寺者，掌脫忽思皇后錢糧，而脫忽思皇后，帝庶母也。哈麻知御史有所言，先已於帝前析其非罪，事皆太平、韓嘉納所摭拾。及韓嘉納以御史所言奏，帝大怒，斥弗納。明日，章再上，帝不得已，僅奪哈麻、雪雪官職，居之草地。而斡勒海壽爲陝西廉訪副使，於是太平罷爲翰林學士承旨，韓嘉納罷爲宣政使，尋出爲江浙行省平章政事。有頃，脫忽思皇后泣訴帝，謂御史所劾哈麻事爲侵己，帝益怒，乃詔奪海壽官，屏歸田里，禁錮之。已而脫脫復爲丞相，也先帖木兒復爲御史大夫，而謫太平居陝西，而加韓嘉納以贓罪，杖流奴兒干以死。別兒怯不花旣罷，猶出居般陽，而禿滿迭兒自中書右丞出爲四川右丞，亦誣以罪，追至中道殺之。已而哈麻復見召用，而脫脫兄弟尤德之。

十二年八月，哈麻拜中書添設右丞。明年正月，正除右丞。時脫脫方信任汝中柏，由郎中爲參議中書，自平章政事以下，見其議事，皆唯唯而已。獨哈麻性剛決，與之論，數不合，汝中柏因譖哈麻於脫脫。八月，出哈麻爲宣政院使，又位居第三，哈麻由是深銜脫脫。

初，哈麻嘗陰進西天僧以運氣術媚帝，帝習爲之，號演揲兒法。演揲兒，華言大喜樂也。哈麻之妹婿集賢學士禿魯帖木兒，故有寵於帝，與老的沙、八郎、答剌馬吉的、波迪哇兒禡等十人，俱號倚納。禿魯帖木兒性姦狡，帝愛之，言聽計從，亦薦西蕃僧伽璘眞於帝。其僧善祕密法，謂帝曰：「陛下雖尊居萬乘，富有四海，不過保有見世而已。人生能幾何，當受此祕密大喜樂禪定。」帝又習之，其法亦名雙修法。曰演揲兒，曰祕密，皆房中術也。帝乃詔以西天僧爲司徒，西蕃僧爲大元國師。其徒皆取良家女，或四人、或三人奉之，謂之供養。於是帝日從事於其法，廣取女婦，惟淫戲是樂。又選釆女爲十六天魔舞。八郎者，帝諸弟，與其所謂倚納者，皆在帝前，相與褻狎，甚至男女裸處，號所處室曰皆卽兀該，華言事事無礙也。君臣宣淫，而羣僧出入禁中，無所禁止，醜聲穢行，著聞于外，雖市井之人，亦惡聞之。皇太子年日以長，尤深疾禿魯帖木兒等所爲，欲去之未能也。

十四年秋，脫脫領大軍討高郵，哈麻乘間遂復入中書爲平章政事。脫脫之出師也，以汝中柏爲治書侍御史，俾輔也先帖木兒。汝中柏累言哈麻必當屏斥，不然必爲後患。而也先帖木兒不從。哈麻知之，恐終不自保，因訴於皇后奇氏曰：「皇太子既立，而册寶及郊廟之禮不行者，脫脫兄弟之意也。」皇后旣頗信之，哈麻復與汪家奴之子桑哥實里、也先帖木兒之客明理明古，譖諸皇太子。會也先帖木兒移疾家居，於是監察御史袁賽因不花等卽承望哈麻風指，奏劾也先帖木兒罪惡，章凡三上，而帝始允，詔收御史臺印，令也先帖木兒出都門聽旨。而遂以知樞密院事汪家奴爲御史大夫。尋降詔數脫脫老師費財之罪，卽軍中奪其兵柄，安置淮安。既而脫脫、也先帖木兒皆就貶逐以死，並籍其家貲人口，而以所籍也先帖木兒者賜哈麻。

十五年四月，雪雪由知樞密院事拜御史大夫。五月，哈麻遂拜中書左丞相，國家大柄，盡歸其兄弟二人矣。

明年二月，哈麻既爲相，自以前所進番僧爲耻，告其父禿魯曰：「我兄弟位居宰輔，宜導人主以正，今禿魯帖木兒專媚上以淫褻，天下士大夫必譏笑我，將何面目見人，我將除之。且上日趨於昏暗，何以治天下，今皇太子年長，聰明過人，不若立以爲帝，而奉上爲太上皇。」其妹聞之，歸告其夫。禿魯帖木兒恐皇太子爲帝，則己必先見誅，卽以聞于帝，然不敢斥言淫褻事，第曰「哈麻謂陛下年老故耳」。帝大驚曰：「朕頭未白，齒未落，遽謂我爲老耶！」

帝卽與禿魯帖木兒謀去哈麻、雪雪，計已定，禿魯帖木兒走匿尼寺中。明日，帝遣使傳旨哈麻與雪雪，毋早入朝，其家居聽旨。

御史大夫搠思監，因劾奏哈麻與雪雪罪惡，帝曰：「哈麻、雪雪兄弟二人雖有罪，然侍朕日久，且與朕弟懿璘質班皇帝實同乳，可姑緩其罰，令其出征。」已而中書右丞相定住、平章政事桑哥失里，復糾劾哈麻、雪雪之罪不已，乃命其兄弟出城受詔，遂詔哈麻於惠州安置，雪雪於肇州安置。比行，俱杖死。哈麻旣死，仍籍其家財，也先帖木兒所封之庫藏，其封識固未嘗啓也。哈麻兄弟寵幸方固，而一旦遽見廢外，人皆謂帝怒其譖害脫脫兄弟之故，而不知其罪蓋由於不軌。其兄弟之死，人無恤之者。

（搠思監）〔二〕

搠思監，怯烈氏，野先不花之孫，亦憐眞之子也。早歲，性寬厚，簡言語，皆以遠大之器期之。泰定初，襲長宿衞，爲必闍赤怯薛官。至順二年，除內八府宰相。元統初，出爲福建宣慰使都元帥。居三年，通達政治，威惠甚著。後至元三年，拜江浙行中書省參知政事。國用所倚，海運爲重，是歲，搠思監被命督其役，措置有方，所漕米三百餘萬石，悉達京師，無耗折者。六年，擢湖北道肅政廉訪使，未行，改江浙行省右丞。福建鹽法久壞，詔搠思監往究其私鬻、盜鬻及出納之弊，至則悉廉得其利病，爲罷行之。

至正元年，改山東肅政廉訪使，尋召拜中政使。明年正月，除陝西行臺御史中丞。三月，復爲中政使。八月，調太府卿。四年，拜中書參知政事，尋陞右丞。六年，遷御史中丞，遂除翰林學士承旨，俄復爲中丞。又由資政使遷宣徽使。九年，除大宗正府也可扎魯火赤，宗王國人咸稱其明果。尋復入中書爲右丞。十年正月，陞平章政事，階光祿大夫。十一年十一月，拜御史大夫，進銀青榮祿大夫。十二年四月，復爲中書平章，從丞相脫脫平徐州有功。十三年，復拜御史大夫，尋又爲中書平章。

十四年九月，奉命率師討賊淮南，身先士卒，面中流矢不爲動。十五年，遷陝西行省平章，復召還，拜知樞密院事。俄復拜中書平章，兼大司農分司，提調大都留守司，及屯田事。一日，入侍，帝見其面有箭瘢，深歎閔焉。進爲首平章。十六年，復遷御史大夫。四月，遂拜中書左丞相，明年〔三〕〔五〕月，〔一三〕進右丞相。十八年，加太保，詔封其曾祖孛魯海爲雲王，祖也先不花爲瀛王，父亦憐眞爲冀王。

是時，天下多故日已甚，外則軍旅煩興，疆宇日蹙；內則帑藏空虛，用度不給；而帝方溺於娛樂，不恤政務。於是搠思監居相位久，無所匡救，而又公受賄賂，貪聲著聞，物議喧然。是年冬，監察御史燕赤不花，劾奏搠思監任用私人朶列及妾弟崔完者帖木兒印造僞鈔，事將敗，令朶列自殺以滅口。搠思監乃請謝事，解機務，詔止收其印綬。而御史答里麻失里、王彝言不已，帝終不聽也。會遼陽賊勢張甚，明年，遂起爲遼陽行省左丞相，未行。二十年三月，復拜中書右丞相，仍降詔諭天下。

時帝益厭政，而宦者資正院使朴不花，乘間用事爲姦利，搠思監因與結構相表裏，四方警報及將臣功狀，皆壅不上聞。孛羅帖木兒、擴廓帖木兒各擁强兵于外，以權勢相軋，釁隙遂成。搠思監與朴不花黨於擴廓帖木兒，而誣孛羅帖木兒以非罪。二十四年三月，帝因下詔削奪其官爵，且命擴廓帖木兒以兵討之。而宗王不顏帖木兒、禿堅帖木兒等皆稱兵與孛羅帖木兒合，表言其無罪。於是帝爲降詔曰：「自至正十一年妖賊竊發，屬嘗選命將相，分任乃職，視同心膂，凡厥庶政，悉以委之。豈期搠思監、朴不花夤緣爲姦，互相壅蔽，以致在外宣力之臣，因而解體；在內忠良之士，悉陷非辜。又復奮其私讎，誣搆孛羅帖木兒、老的沙等同謀不軌。朕以信任之專，失於究察，遂調兵往討。孛羅帖木兒已嘗陳詞，而乃寢匿不行。今宗王不顏帖木兒等，仰畏明威，遠來控訴，以表其情，朕爲惻然興念，而搠思監、朴不花猶飾虛詞，簧惑朕聽。其以搠思監屏諸嶺北，朴不花竄之甘肅，以快衆憤。孛羅帖木兒等，悉與改正，復其官職。」然詔書雖下，而搠思監、朴不花仍留京師。

四月，孛羅帖木兒乃遣禿堅鐵木兒稱兵犯闕，必得搠思監、朴不花乃已。帝不得已，縛二人畀之，遂皆爲孛羅鐵木兒所殺。已而監察御史復奏言：「搠思監矯殺丞相太平，盜用鈔板，私家草詔，任情放選，鬻獄賣官，費耗庫藏，居廟堂前後十數年，使天下八省之地，悉致淪陷。乃誤國之姦臣，究其罪惡，大赦難原。曩者，姦臣阿合馬之死，剖棺戮尸，搠思監之罪，視阿合馬爲有過。今其雖死，必剖棺戮尸爲宜。」有旨從之。而臺臣言猶不已，遂復沒其家產，而竄其子宣徽使觀音奴於遠方。

怯烈氏四世爲丞相者八人，世臣之家，鮮與比盛。而搠思監早有才望，及居相位，人皆仰其有爲，遭時多事，顧乃守之以懦，濟之以貪，遂使天下至於亂亡而不可爲。論者謂元之亡，搠思監之罪居多云。

校勘記

〔一〕阿合馬回（紇）〔回〕人也　考異云：「案回紇，唐時舊名，後稱回鶻。唐末失其土而遷于北庭。元時音轉爲畏兀，或作畏吾兒，與回回非一種」，「阿合馬本出回回，故世祖言回回人中阿合馬才任宰相。而傳稱回紇人，蓋明初史臣亦昧于回回、回紇之有別也。」今據本書卷一〇世祖紀至元十五年六月甲戌條及本傳下文改。

〔二〕無（間）〔問〕僧道軍匠等戶　從北監本改。

〔三〕立眞定濟南江淮等處宣慰司兼都轉運使〔司〕　按本書卷一三世祖紀至元二十二年二月戊辰條有「立眞定、濟南、太原、甘肅、江西、江淮、湖廣等處宣慰司兼都轉運使司」，據補。新編已校。

〔四〕始言課程增至三百萬錠　按本書卷一六八陳祐傳附陳天祥傳及元文類卷一四盧世榮奸邪狀，「增至」皆作「增添」，與前文盧世榮奏言「可增三百萬錠」合，疑此處「至」字誤。

〔五〕二十四年〔閏〕二月　道光本與本書卷一四世祖紀至元二十四年閏二月己丑、辛未條合，從補。

〔六〕(統)〔總〕制院使　據前後文改。參看卷一四校記〔一五〕。

〔七〕二月　「二月」下不記日，而後文又有「明日」。按本書卷一六世祖紀，當作二月壬午，即至元二十八年二月十四日。

〔八〕帝駐蹕(上)〔大〕口　按本書卷一六世祖紀至元二十八年二月癸未條有「大駕幸上都。是日次大口」，據改。大口，本書多見。

〔九〕論其不法數十事　本書卷一八〇趙世延傳，有「劾奏權臣太師、右丞相帖木迭兒罪惡十有三」，疑此處「數十」爲「十數」之倒誤。

〔一〇〕(哈廝)　從道光本刪。

〔一一〕(撒思監)　從道光本刪。

〔一二〕明年(三)〔五〕月　據本書卷四五順帝紀至正十七年五月丙申條、卷一一三宰相年表改。

元史卷二百六

列傳第九十三

叛臣

李璮小字松壽，濰州人，李全子也。或曰璮本衢州徐氏子，父嘗爲揚州司理參軍，全蓋養之爲子云。太祖十六年，全叛宋，舉山東州郡歸附，〔一〕太師、國王孛魯承制拜全山東淮南楚州行省，而以其兄福爲副元帥。太宗三年，全攻宋揚州，敗死。璮遂襲爲益都行省，仍得專制其地。朝廷數徵兵，輒詭辭不至。憲宗七年，又調其兵赴行在，璮親詣帝言曰：「益都乃宋航海要津，分軍非便。」帝然之，命璮歸取漣海數州。璮遂發兵攻拔漣水相連四城，大張剋捷之功。

中統元年，世祖卽位，加璮江淮大都督。璮言：「近獲生口，知宋調兵將攻漣水。且諜見許浦、射陽湖舟艦相望，勢欲出膠西，向益都，請繕城塹以備。」詔出金符十、銀符五授璮，以賞將士有功者，且賜銀三百錠，降詔獎諭。蒙古、漢軍之在邊者，咸聽節制。璮復揚言：「宋呂文德合淮南兵七萬五千，來攻漣水，且規築堡以臨我。及得賈似道、呂文德書，辭甚悖傲。知朝廷近有內顧之憂，必將肆志於我。乞選將益兵，臣當帥先渡淮，以雪慢書之辱。」執政得奏，諭以「朝廷方通和議，邊將惟當固封圉。且南人用間，其詐非一，彼既不至，毋或妄動」。璮乃上言：「臣所領益都，土曠人稀，自立海州，今八載，將士未嘗釋甲，轉輓未嘗息肩，民力凋耗，莫甚斯時，以一路之兵，抗一敵國，衆寡不侔，人所共患。賴陛下神武，既克漣、海二州，復破夏貴、孫虎臣十餘萬之師。然臣豈敢恃此必敵人之不再至哉！且宋人今日西無掣肘，宜得并力而東。若以水陸綴漣，而遣舟師遵海以北，擣膠、萊之虛，然後帥步騎直指沂、莒、滕、嶧，則山東非我有矣，豈可易視而不爲備哉。臣昨追敵至淮安，非不能乘勝取揚、楚，徒以執政止臣，故臣不敢深入。若以棗陽、唐、鄧、陳、蔡諸軍攻荊山，取壽、泗，以亳、宿、徐、邳諸軍，合臣所統兵，攻揚、楚，則兩淮可定。兩淮既定，則選兵以取江南，自守以寬民力，將無施不可，此上策也。」因上將校馮泰等功第狀，詔以益都官銀分賞之。

二年正月，璮言于行中書省，以宋人聚兵糧數十萬，列艦萬三千艘于許浦，以侵內郡，而宣撫司轉輸不繼，恐一旦水陸道絕，緩急莫報。請選精騎，倍道來援，表裏協攻，乘機深入，江淮可圖也。既而來獻漣水捷，詔復獎諭，仍給金符十七、銀符二十九，增賜將士。庚寅，璮輒發兵修益都城塹，且報宋人來攻漣水，詔遣阿朮、哈剌拔都、愛仙不花等悉兵赴之，仍諭度宜益兵赴調。璮遂請節制諸道所集兵馬，且請給兵器，中書議與矢三萬，詔給矢十萬。

三年四月，〔三〕又以宋賈似道誘總管張元、張進等書來上。蓋璮專制山東者三十餘年，其前後所奏凡數十事，皆恫疑虛喝，挾敵國以要朝廷，而自爲完繕益兵計，其謀亦深矣。初以其子彥簡質于朝，而潛爲私驛，自益都至京師質子營。至是，彥簡遂用私驛逃歸。璮遂反，以漣、海三城獻于宋，殲蒙古戍兵，引麾下具舟艦，還攻益都。甲午，〔三〕入之，發府庫以犒其黨，遂寇蒲臺。民聞璮反，皆入保城郭，或奔竄山谷，由是自益都至臨淄數百里，寂無人聲。

癸卯，帝聞璮反，遂下詔暴其罪。甲辰，命諸軍討璮。己酉，以璮故，戮中書平章王文統。壬子，璮盜據濟南。癸酉，〔四〕命史樞、阿朮帥師赴濟南。璮帥衆出掠輜重，將及城，官軍邀擊，大敗之，斬首四千級，璮退保濟南。五月庚申，築環城圍之；甲戌，圍合。璮自是不得復出，猶日夜拒守，取城中子女賞將士，以悅其心；且分軍就食民家，發其蓋藏以繼，不足，則家賦之鹽，令以人爲食。至是，人情潰散，璮不能制，各什伯相結，縋城以出。璮知城且破，乃手刃愛妾，乘舟入大明湖，自投水中，水淺不得死，爲官軍所獲，縛至諸王合必赤帳前。丞相史天澤言：「宜即誅之，以安人心。」遂與蒙古軍官囊家并誅焉。

王文統字以道，益都人也。少時讀權謀書，好以言撼人。遍干諸侯，無所遇，乃往見李璮。璮與語，大喜，即留置幕府，命其子彥簡師事之，文統亦以女妻璮。由是軍旅之事，咸與諮決，歲上邊功，虛張敵勢，以固其位，用官物樹私恩，取宋漣、海二郡，皆文統謀也。

世祖在潛藩，訪問才智之士，素聞其名。及即位，厲精求治，有以文統爲薦者，亟召用之。乃立中書省，以總內外百司之政，首擢文統爲平章政事，委以更張庶務。建元爲中統，詔諭天下，立十路宣撫司，示以條格，欲差發辦而民不擾，鹽課不失常額，交鈔無致阻滯。尋詔行中書省造中統元寶交鈔，立互市于潁州、漣水、光化軍。是年冬，初行中統交鈔，自十文至二貫文，凡十等，不限年月，諸路通行，稅賦並聽收受。

明年二月，世祖在開平，召行中書省事禡禡與文統，親率各路宣撫使俱赴闕。世祖自去秋親征叛王阿里不哥于北方，凡民間差發、宣課鹽鐵等事，一委文統等裁處。及振旅還宮，未知其可否何若，且以往者，急於用兵，事多不暇講究，所當振其紀綱者，宜在今日。故召文統等至，責以成效，用游顯、鄭鼎、趙良弼、董文炳等爲各路宣撫司，復以所議條格詔諭各路，俾遵行之。未幾，又詔諭宣撫司，并達魯花赤管民官、課稅所官，申嚴私鹽、酒醋、麴貨等禁。

文統爲人忌刻，初立中書時，張文謙爲左丞。文謙素以安國利民自負，故凡講論建明，輒相可否，文統積不能平，思有以陷之，文謙竟以本職行大名等路宣撫司事而去。時姚樞、竇默、許衡，皆世祖所敬信者，文統諷世祖授樞爲太子太師，默爲太子太傅，衡爲太子太保，外佯尊之，實不欲使朝夕備顧問於左右也。默嘗與王鶚及樞、衡俱侍世祖，面詆文統曰：「此人學術不正，必禍天下，不可處以相位。」世祖曰：「若是，則誰可爲者？」默以許衡對，世祖不懌而罷。鶚嘗請以右丞相史天澤監修國史，左丞相耶律鑄監修遼史，文統監修金史。世祖曰：「監修階銜，俟修史時定之。」

又明年二月，李璮反，以漣、海三城獻于宋。先是，其子彥簡，由京師逃歸，璮遣人白之中書。及反書聞，人多言文統嘗遣子蕘與璮通音耗。世祖召文統問之曰：「汝教璮爲逆，積有歲年，舉世皆知之。朕今問汝所策云何，其悉以對。」文統對曰：「臣亦忘之，容臣悉書以上。」書畢，世祖命讀之，其間有曰：「螻蟻之命，苟能存全，保爲陛下取江南。」世祖曰：「汝今日猶欲緩頰於朕耶？」會璮遣人持文統三書自洛水至，以書示之，文統始錯愕駭汗。書中有「期甲子」語，世祖曰：「甲子之期云何？」文統對曰：「李璮久蓄反心，以臣居中，不敢卽發，臣欲告陛下縛璮久矣，第緣陛下加兵北方，猶未靖也。比至甲子，猶可數年，臣爲是言，姑遲其反期耳。」世祖曰：「無多言。朕拔汝布衣，授之政柄，遇汝不薄，何負而爲此？」文統猶枝辭傍說，終不自言「臣罪當死」，乃命左右斥去，始出就縛。猶召竇默、姚樞、王鶚、僧子聰及張柔等至，示以前書曰：「汝等謂文統當得何罪？」文臣皆言「人臣無將，將而必誅」。柔獨疾聲大言曰：「宜剮！」世祖又曰：「汝同辭言之。」諸臣皆曰：「當死。」世祖曰：「渠亦自服朕前矣。」

文統乃伏誅。子蕘，并就戮。詔諭天下曰：「人臣無將，垂千古之彝訓；國制有定，懷二心者必誅。何期輔弼之僚，迺蓄姦邪之志。平章政事王文統，起由下列，擢置台司，倚付不爲不深，待遇不爲不厚，庶收成效，以底丕平。焉知李璮之同謀，潛使子蕘之通耗。邇者獲親書之數幅，審其有反狀者累年，宜加肆市之誅，以著滔天之惡。已於今月二十三日，將反臣王文統并其子蕘，正典刑訖。於戲！負國恩而謀大逆，死有餘辜；處相位而被極刑，時或未喩。咨爾有衆，體予至懷。」然文統雖以反誅，而元之立國，其規模法度，世謂出於文統之功爲多云。

阿魯輝帖木兒，滅里大王之裔也。初，太宗生七子，而滅里位第七。世祖既定天下，乃大封宗親爲王，滅里其一也。滅里生脫忽，脫忽生俺都剌，俺都剌生禿滿，至大元年，始封陽翟王，賜金印螭紐，俾鎭北藩。禿滿傳曲春，曲春傳太平，太平傳帖木兒赤，而阿魯輝帖木兒襲其封。

會兵起汝、潁，天下皆震動，帝屢詔宗王，以北方兵南討。阿魯輝帖木兒知國事已不可爲，乃乘間擁衆數萬，屯于木兒古兀徹之地，而脅宗王以叛。且遣使來言於帝曰：「祖宗以天下付汝，汝何故失其太半，盍以國璽授我，我當自爲之。」帝聞，神色自若，徐曰：「天命有在，汝欲爲則爲之。」於是降詔開諭，俾其悔罪，阿魯輝帖木兒不聽。乃命知樞密院事禿堅帖木兒等擊之。行至稱海，起哈剌赤萬人爲軍。其人素不習爲兵，而一旦驅之使戰，旣陣，兵猶未接，皆脫其號衣，奔阿魯輝帖木兒軍中，禿堅帖木兒軍遂敗績，單騎還上都。

〔至正〕二十一年，〔三〕更命少保、知樞密院事老章，以兵十萬擊之，且俾阿魯輝帖木兒之弟忽都帖木兒從征軍中，遂大敗其衆。阿魯輝帖木兒遂謀東遁。其部將脫驩知其勢窮，乃與宗王囊加、玉樞虎兒吐華擒阿魯輝帖木兒送闕下，帝命誅之。於是加老章太傅，脫驩知遼陽行樞密院事，仍以忽都帖木兒襲封陽翟王，而宗王囊加等，悉議加封。尋又詔加封老章和寧王，以嶺北行省丞相知行樞密院事，俾鎭北藩云。

校勘記

〔一〕太祖十六年全叛宋舉山東州郡歸附　殿本考證云：「按傳誤以是年宋安撫使張琳來降爲李全事。全之降在元太祖二十一年圍益都以後。」本書卷一一九木華黎傳附孛魯傳與宋史卷四七七李全傳確載李全之降在太祖二十二年四月，傳作「十六年」，誤。

〔二〕三年四月　按本書卷五世祖紀中統三年春正月癸未條有「宋制置使賈似道以書誘總管張元等，李璮獲其書上之」。蒙史改「四月」爲「正月」，是。

〔三〕甲午　按本書卷五世祖紀，中統三年二月己丑，「李璮反」，甲午，「李璮入益都」。此處脫「二月」。

〔四〕癸酉　按本書卷五世祖紀，事在中統三年三月癸酉。類編增「三月」，是。

〔五〕〔至正〕二十一年　從道光本補。按本書卷四六順帝紀至正二十一年九月戊午條所載與此處符。

元史卷二百七

列傳第九十四

逆臣

（鐵失）〔一〕

鐵失者，當英宗卽位之初，以翰林學士承旨、宣徽院使，爲太醫院使。未逾月，特命領中都威衞指揮使。明年，改元至治，有珍珠燕服之賜。三月，特授光祿大夫、御史大夫，仍金虎符、忠翊侍衞親軍都指揮使，依前太醫院使。英宗嘗御鹿頂殿，謂鐵失曰：「徽政雖隸太皇太后，朕視之與諸司同，凡簿書宜悉令御史檢覈。」既而又命領左右阿速衞。冬十月，英宗親祀太廟，以中書左丞相拜住爲亞獻官，鐵失爲終獻官。

明年冬十月，江南行臺御史大夫脫脫以疾請于朝，未得旨輒去職，鐵失奏罷之，杖六十七，謫居雲南。治書侍御史鎖南，鐵木迭兒之子也，罷爲翰林侍講學士，鐵失奏復其職，英宗不允。十二月，鐵失以御史大夫、忠翊親軍都指揮使、左右衞阿速親軍都指揮使、太醫院使，兼領廣惠司事。

英宗嘗謂臺臣曰：「朕深居九重，臣下奸貪，民生疾苦，豈能周知，故用卿等爲耳目。曩者，鐵(失)〔木〕迭兒貪蠹無厭，〔二〕汝等拱默不言，其人雖死，宜籍其家，以懲後也。」又明年〔三〕〔正〕月，申命大夫鐵失，振舉臺綱，〔三〕詔諭中外。既而御史臺請降旨開言路，英宗曰：「言路何嘗不開，但卿等選人未當爾。朕知嚮所劾者，率因宿怨，羅織成獄，加之以罪，遂玷其人，終身不得伸。監察御史嘗舉八思吉思可任大事，未幾，以貪墨伏誅。若此者，言路選人當乎，否乎？」時鐵木迭兒既死，罪惡日彰，英宗委任拜住爲右丞相，振立紀綱，修舉廢墜，以進賢退不肖爲急務。鐵失以姦黨不自安，潛蓄異圖。

秋八月癸亥，英宗自上都南還，駐蹕南坡。是夕，鐵失與知樞密院事也先鐵木兒、大司農失秃兒、前中書平章政事赤斤鐵木兒、前雲南行省平章政事完者、前治書侍御史鎖南、鐵失之弟宣徽使鎖南、典瑞院使脫火赤、樞密副使阿散、僉書樞密院事章台、衞士秃滿，及諸王按梯不花、孛羅、月魯鐵木兒、曲律不花、兀魯思不花等，以鐵失所領阿速衞兵爲外應，殺右丞相拜住，而鐵失直犯禁幄，手弑英宗于臥所。九月四日，晉王卽位，鐵失及其黨皆伏誅。

孛羅帖木兒，答失八都魯之子也。從父討賊，屢立戰功，其語見父傳。父既歿，孛羅帖木兒引兵退駐井陘口。〔至正〕十八年正月，〔四〕命孛羅帖木兒爲河南行省平章政事，仍總領其父元管諸軍。三月，擊劉福通於衞輝，走之，進克濮州。四月，屯兵眞定。六月，自武安由彭城邀截沙劉等，敗之。九月，命統領諸軍夾攻曹州。十月，遣參政匡福統苗軍自西門入，孛羅帖木兒自北門入，四門並進，克復曹州，擒殺僞官武宰相、仇知院，獲僞印信金牌等物。

十九年二月，過代州，收山東潰將孟本、周諸軍。三月，詔孛羅帖木兒移兵至大同，置大都督兵農司，專督屯種，以孛羅帖木兒領之。當月領兵豐州、雲內，與關先生戰，關軍奔潰。時有楊誠者，據蔚州，六月，詔遣平章月魯不花、樞密同知八剌火者，督兵捕之，七月，圍其城。俄有旨，命回兵。十一月，再命勦捕。

二十年正月，孛羅帖木兒追誠至飛狐縣東關，誠棄軍遁，降其潰卒，回駐大同。二月，除中書平章政事。三月，命討上都程思忠，兵次興和，思忠奔潰。七月，擊敗田豐僞將王士誠於臺州。詔總領一應達達、漢人諸軍，便宜行事。八月，命守石嶺關以北，察罕帖木兒守石嶺關以南。九月，孛羅帖木兒欲得冀寧，遣兵自石嶺關直趨圍其城，三日，復退屯交城。

十月，詔孛羅帖木兒守冀寧，遣保保、殷興祖、高脫因倍道趨之，守者不納。察罕帖木兒遣鎖住、陳秉直以兵來爭，孛羅帖木兒部將脫列伯戰敗之。〔五〕

二十一年正月，命平章答失帖木兒、參政七十往諭解之，孛羅帖木兒罷兵還鎮。九月，命孛羅帖木兒於保定以東、河間以南屯田。

二十二年二月，僞平章左李遣楊榮祖至大同降。三月，孛羅帖木兒遣裨將也速不花等招兵五萬，戍大同。陞孛羅帖木兒太尉、中書平章，位居第一。張良弼來受節制，李思齊遣兵攻良弼于武功，良弼伏兵大破之。

二十三年十月，孛羅帖木兒復南侵擴廓帖木兒所守地，遂據眞定。初，朝廷旣黜御史大夫老的沙，安置東勝州，帝別遣宦官密諭孛羅帖木兒，令留軍中。而皇太子累遣官索之，孛羅帖木兒匿不發。

二十四年正月，孛羅帖木兒陰使人殺其叔父左丞亦只兒不花，佯爲不知，往弔不哭。朝廷知其跋扈，又以匿老的沙事，三月辛卯，詔罷孛羅帖木兒兵權，四川安置。孛羅帖木兒殺使者拒命，遣部將會禿堅帖木兒提兵犯闕，揚言索右丞相搠思監、資正院使朴不花二人。

先是，朝廷立衞屯田，嘗命中書右丞也先不花提督，與禿堅帖木兒分院之地相近，因擾及其親里，搆成嫌隙，也先不花乃譖禿堅帖木兒詆毀朝政，孛羅帖木兒與禿堅帖木兒相友善，且知其誣，遣人白其非罪。皇太子以孛羅帖木兒握兵跋扈，今乃與禿堅帖木兒交通，又匿不軌之臣，遂與丞相搠思監議，請詔削其官，分其兵授四川省丞相察罕不花領之。孛羅帖木兒謂非帝意，故不聽命，舉兵助禿堅帖木兒。

四月壬寅，入居庸，乙巳，至清河列營，將犯闕。帝遣達達國師、鑾子院使往問故，乃命屏搠思監于嶺北，竄朴不花于甘肅，實執送與之。庚戌，禿堅帖木兒自健德門入，見帝延春閣，慟哭請罪，帝賜宴慰勉，詔赦其罪。仍以孛羅帖木兒爲太保、中書平章，兼知樞密院事，守禦大同；以禿堅帖木兒爲中書平章政事。辛亥，孛羅帖木兒還大同，皇太子恚怒不已，再徵擴廓帖木兒兵，保障京師。

五月，詔擴廓帖木兒總兵，調諸道軍分討大同。擴廓帖木兒自其父察罕帖木兒在時，與孛羅帖木兒連年相讐殺，朝廷累命官講和，二軍已還兵，各守其地。至是，擴廓帖木兒乃大發兵，諸道夾攻大同，調麾下鎖住守護京師，兵不滿萬，以其部下青軍楊同僉守居庸，擴廓帖木兒自將至太原，調督諸軍。

七月，孛羅帖木兒率兵，與禿堅帖木兒、老的沙等復犯闕，京師震駭。丙戌，皇太子親統兵迎於清河，丞相也速、詹事不蘭奚軍於昌平，也速軍士無鬬志，青軍楊同僉被殺於居庸，不蘭奚戰敗走，皇太子亦馳入城。丁亥夜，鎖住脅東宮官僚從太子出奔太原。戊子，孛羅帖木兒兵至，駐健德門外，欲追襲皇太子，老的沙力止之。三人入見帝宣文閣，泣拜訴冤，帝亦爲之泣，乃賜宴。庚寅，就命孛羅帖木兒太保、中書左丞相，老的沙中書平章政事，禿堅帖木兒御史大夫。部屬將士，布列臺省，總攬國柄。

八月壬寅，詔加孛羅帖木兒開府儀同三司、上柱國、錄軍國重事、太保、中書右丞相，節制天下〔軍馬〕。〔六〕數月間，誅狎臣禿魯帖木兒、波迪哇兒禡等，罷三宮不急造作，沙汰宦官，減省錢糧，禁西番僧人佛事。數遣使請皇太子還朝，使至太原，拘留不報。

二十五年，皇太子在外，日夜謀除內難，承制調遣嶺北、甘肅、遼陽、陝西及擴廓帖木兒等軍，進討孛羅帖木兒。孛羅帖木兒怒，出皇后于外，幽置百日。遣禿堅帖木兒率軍討上都附皇太子者，調也速南禦擴廓帖木兒軍。也速次良鄉不進，而歸永平，遣人西連太原，東連遼陽，軍聲大振。孛羅帖木兒患之，遣驍將姚伯顏不花統兵出禦，至通州，河溢，營虹橋以待，也速出其不意，襲而破之，擒姚伯顏，殺之。孛羅帖木兒大恐，自將出通州，三日大雨而還。孛羅帖木兒先嘗以自疑殺其將保安，既又失姚伯顏，鬱鬱不樂，乃日與老的沙飲宴，荒淫無度，酗酒殺人，喜怒不測，人皆畏忌。威順王子和尚，受帝密旨，與徐士本謀，結勇士上都馬、金那海、伯〔顏〕達兒、〔七〕帖古思不花、火兒忽達、洪寶寶等，陰圖刺之。

七月乙酉，值禿堅帖木兒遣人來告上都之捷，孛羅帖木兒起入奏，行至延春閣李樹下，伯〔顏〕達兒自衆中奮出，斫孛羅帖木兒，中其腦，上都馬及金那海等競前斫死。老的沙傷額，趨出，得馬，走其家，擁孛羅帖木兒母妻及其子天寶奴北遁。有旨令民間盡殺其部黨。明日，遣使函孛羅帖木兒首級往太原，詔皇太子還朝。諸道兵聞詔，罷歸。九月，皇太子朝京師。十二月，獲禿堅帖木兒、老的沙，皆伏誅。

校勘記

〔一〕（鐵失）　從道光本删。

〔二〕鐵（失）〔木〕迭兒　據前後文與本書卷二〇五鐵木迭兒傳改。類編已校。

〔三〕（三）〔正〕月中命大夫鐵失振舉臺綱　據本書卷二八英宗紀至治三年正月辛亥條改。按永樂大典卷二六一〇南臺備要收振舉臺綱制，亦繫此事於至治三年正月。

〔四〕〔至正〕十八年正月　從道光本補。按本書卷四五順帝紀至正十八年正月條有命「孛羅帖木兒爲河南行省平章政事」。

〔五〕孛羅帖木兒部將脫列伯戰敗之　按本書卷四五順帝紀至正二十年十月己亥條有「與孛羅帖木兒部將脫列伯戰，敗之」，疑此處脫「與」字。

〔六〕節制天下〔軍馬〕　據本書卷四六順帝紀至正二十四年八月壬寅條補。類編已校。

〔七〕伯〔顏〕達兒　據卷一一七寬徹普化傳補。下同。「伯顏達兒」蒙語，意爲「富如」。類編已校。

元史卷二百八

列傳第九十五

外夷一

高麗

高麗本箕子所封之地，又扶餘別種嘗居之。其地東至新羅，南至百濟，皆跨大海，西北度遼水接營州，而靺鞨在其北。其國都曰平壤城，卽漢樂浪郡。水有出靺鞨之白山者，號鴨淥江，而平壤在其東南，因恃以爲險。後闢地益廣，幷古新羅、百濟、高句麗三國而爲一。其主姓高氏，自初立國至唐乾封初而國亡。垂拱以來，子孫復封其地，後稍能自立。至五代時，代主其國遷都松岳者，姓王氏，名建。自建至燾凡二十七王，歷四百餘年未始易姓。

入元，太祖十一年，契丹人金山、元帥六哥等領衆九萬餘竄入其國。十二年九月，攻拔江東城據之。十三年，帝遣哈只吉、劄剌等領兵征之。國人洪大宣詣軍中降，與哈只吉等同攻圍之。高麗王名缺奉牛酒出迎王師，〔一〕且遣其樞密院使、吏部尚書、上將軍、翰林學士承旨趙冲共討滅六哥。劄剌與冲約爲兄弟。冲請歲輸貢賦。劄剌曰：「爾國道遠，難於往來，每歲可遣使十人入貢。」十二月，劄剌移文取兵糧，送米一千斛。十四年正月，遣其權知閤門祗候尹公就、中書注書崔逸以結和牒文送劄剌行營，劄剌遣使報之。高麗王以其侍御史朴時允爲接伴使迎之。帝又遣蒲里岱也持詔往諭之，〔二〕高麗王迎拜設宴。九月，皇太弟、國王及元帥合臣、副元帥劄剌等各以書遣宣差大使慶都忽思等十人趣其入貢，尋以方物進。十五年九月，大頭領官堪古苦、着古歟等復以皇太弟、國王書趣之，仍進方物。十六年七月，有旨，諭以伐女直事，始奉表陳賀。八月，着古歟使其國。十月，喜速不（爪）〔瓜〕等繼使焉。〔三〕十七年十月，詔遣着古歟等十二人至其國，察其納款之實。十八年八月，宣差山朮斛等十二人復以皇太弟、國王書趣其貢獻。十九年二月，着（右）〔古〕歟等復使其國；〔四〕十二月，又使焉，盜殺之于途，自是連七歲絕信使矣。

太宗三年八月，命撒禮塔征其國，國人洪福源迎降于軍，得福源所率編民千五百戶，旁近州郡亦有來師者。撒禮塔卽與福源攻未附州郡，又使阿兒禿與福源抵王京，招其主王㬚，㬚遣其弟懷安公王侹請和，〔五〕許之。置京、府、縣達魯花赤七十二人監之，遂班師。十一月，元帥蒲桃、迪巨、唐古等領兵至其王京，㬚遣使奉牛酒迎之。十二月一日，復遣使勞元帥于行營。明日，其使人與元帥所遣人四十餘輩入王城，付文牒。又明日，瞮遣王侹等詣撒禮塔屯所犒師。

四年正月，帝遣使以璽書諭瞮。三月，瞮遣中郎將池義源、〔六〕錄事洪巨源、金謙等齎國贐牒文送撒禮塔屯所。四月，瞮遣其將軍趙叔（章）〔昌〕、御史薛愼等奉表入朝。〔七〕五月，復下詔諭之。六月，瞮盡殺朝廷所置達魯花赤七十二人以叛，遂率王京及諸州縣民竄海島。洪福源集餘民保聚，以俟大兵。八月，復遣撒禮塔領兵討之，至王京南，攻其處仁城，中流矢卒。別將鐵哥以軍還。其已降之人，令福源領之。十月，瞮遣其將軍金寶鼎、郎中趙瑞章上表陳情。

五年四月，詔諭瞮悔過來朝，且數其五罪：「自平契丹賊、殺劄剌之後，未嘗遣一介赴闕，罪一也。命使齎訓言省諭，輒敢射回，罪二也。爾等謀害着古歟，乃稱萬奴民戶殺之，罪三也。命汝進軍，仍令汝弼入朝，爾敢抗拒，竄諸海島，罪四也。汝等民戶不拘集見數，輒敢妄奏，罪五也。」十月，瞮復遣兵攻陷已附西京等處降民，劫洪福源家。

六年，福源得請，領其降民遷居東京，賜佩金符。

七年，命唐古與洪福源領兵征之。

九年，拔其龍岡、咸從等十餘城。

十年五月，其國人趙玄習、李元祐等率二千人迎降，命居東京，受洪福源節制，且賜御前銀符，使玄習等佩之，以招未降民戶。又李君式等十二人來降，待之如玄習焉。十二月，㬚遣其將軍金寶鼎、御史宋彥琦等奉表入朝。

十一年五月，詔徵㬚入朝，㬚以母喪辭。六月，乃遣其禮賓卿盧演、禮賓少卿金謙充進奉使、副，奉表入朝。十月，有旨諭㬚，徵其親朝於明年。十二月，㬚遣其新安公王佺與寶鼎、彥琦等百四十八人奉表入貢。

十二年三月，又遣其右諫議大夫趙修、閤門祗候金成寶等奉表入貢。五月，復下詔諭之。十二月，㬚遣其禮賓少卿宋彥琦、侍御史權韙充行李使入貢。是歲，攻拔昌、朔等州。

十三年秋，㬚以族子綧爲己子入質。

當定宗、憲宗之世，歲貢不入，故自定宗二年至憲宗八年，凡四命將征之，凡拔其城十有四。憲宗末，㬚遣其世子倎入朝。

世祖中統元年三月，㬚卒，命倎歸國爲高麗國王，以兵衞送之，仍赦其境內。制曰：

我太祖皇帝肇開大業，聖聖相承，代有鴻勳，芟夷羣雄，奄有四海，未嘗專嗜殺也。凡屬國列侯，分茅錫土，傳祚子孫者，不啻萬里，孰非向之勍敵哉。觀乎此，則祖宗之法不待言而章章矣。今也，普天之下未臣服者，惟爾國與宋耳。宋所恃者長江，而長江失險；所藉者川、廣，而川、廣不支。邊戍自徹其藩籬，大軍已駐乎心腹，鼎魚幕燕，亡在旦夕。

爾初〔以〕世子奉幣納款，〔八〕束身歸朝，含哀請命，良可矜憫，故遣歸國，完復舊疆，安爾田疇，保爾室家，弘好生之大德，捐宿構之細故也。用是已嘗戒敕邊將，斂兵待命，東方既定，則將迴戈於錢塘。迨餘半載，乃知爾國內亂渝盟，邊將復請戒嚴，此何故也？以謂果內亂耶，權臣何不自立，而立世孫？以謂傳聞之誤耶，世子何不之國而盤桓於境上也？豈以世子之歸愆期，而左右自相猜疑，私憂過計而然耶？重念島嶼殘民，久罹塗炭，窮兵極討，殆非本心。且御失其道，則天下狙詐咸作敵；推赤心置人腹中，則反側之輩自安矣。悠悠之言，又何足校。申命邊閫，斷自予衷，無以逋逃間執政，無以飛語亂定盟。惟事推誠，一切勿問。宜施曠蕩之恩，一新遐邇之化。自尚書金仁儁以次，中外枝黨、官吏、軍民，聖旨到日已前，或有首謀內亂，旅拒王師，已降附而還叛，因仇讎而擅殺，無所歸而背主亡命，不得已而隨衆脅從，應據國人但曾犯法，罪無輕重咸赦除之。

世子其趣裝命駕，歸國知政，解仇釋憾，布德施恩。緬惟瘡痍之民，正在撫綏之日，出彼滄溟，宅於平壤。賣刀劍而買牛犢，捨干戈而操耒耜，凡可援濟，毋憚勤勞。苟富庶之有徵，冀禮義之可復，亟正疆界，以定民心，我師不復踰限矣。大號一出，朕不食言。復有敢踵亂犯上者，非干爾主，乃亂我典刑，國有常憲，人得誅之。於戲！世子其王矣，往欽哉，恭承丕訓，永爲東藩，以揚我休命。」

四月，復降旨諭倎曰：「朕祗若天命，獲承祖宗休烈，仰惟覆燾，一視同仁，無遐邇小大之間也。以爾歸款，既册爲王還國，今得爾與邊將之書，因知其上下之情，朕甚憫焉。」倎求出水就陸，免軍馬侵擾，還被虜及逃民，皆從之。詔班師，乃赦其境內。六月，倎遣其子永安公僖、判司宰事韓卽入賀卽位，以國王封册、王印及虎符賜之。是月，又下詔撫諭之。

二年三月，遣使入貢。四月，倎入朝。六月，倎更名禃，遣其世子愖奉表以聞。八月，賜禃玉帶一，遣侍衞將軍孛里察、禮部郎中高逸民護愖還國。九月，禃遣其侍御史張鎰奉表入謝。十月，帝遣阿的迷失、焦天翼持詔，諭以開榷場事。

三年正月，罷互市。諸王塔察兒請置鐵冶，從之。請立互市，不從。賜禃曆，後歲以爲常，禃遣使入謝，優詔答之。四月，禃遣其左諫議大夫朴倫、郎將辛洪成等奉表入朝。六月，遣使入貢。八月，朴倫等還，賜西錦三段、間金熟綾六段。十月，詔諭禃籍編民，出師旅，輸糧餉，助軍儲。是月，禃遣使入貢。

四年二月，以禃不答詔書，詰其使者。禃表乞俟民生稍集，然後惟命。帝以其辭意懇實，允之。朝貢物數，亦命稱其力焉。自三月至于六月，禃凡三遣使入貢，賜禃羊五百。十一月，禃以免置驛籍民等事，遣其翰林學士韓就奉表入謝。

五年正月丁丑朔，禃遣使奉表入賀，諭還使，令禃親朝京師。四月，以西北諸王率衆款附，擬今歲朝王公羣牧于上都，又遣必闍赤古乙獨徵禃入朝，修世見之禮。五月，禃遣其借國子祭酒張鎰從古乙獨入見，六月乃親朝。九月，帝以改中統五年爲至元元年，遣郎中路得成持赦令，與禃郎將康允（玿）〔紹〕頒其國。〔九〕十月，禃入朝。十二月，遣禃還國。是年春，禃遣使入貢。自是終世祖三十一年，其國入貢者凡三十有六。

至元三年二月，立瀋州，以處高麗降民。帝欲通好日本，以高麗與日本鄰國，可爲鄉導，八月，遣國信使兵部侍郎黑的、禮部侍郎殷弘、計議官伯德孝先等使日本，先至高麗諭旨。十二月，禃遣其樞密院副使宋君斐、借禮部侍郎金贊等導詔使黑的、殷弘等往日本，不至而還。

四年正月，禃遣君斐等奉表從黑的等入朝。六月，帝以禃飾辭，令去使徒還，復遣黑的與君斐等以詔諭禃，委以日本事，以必得其要領爲期。九月，禃遣其起居舍人潘阜、書狀官李挺充國信使，持書詣日本。

五年正月，禃遣其弟淐入朝。帝以禃見欺於淐，面數其事切責之。特遣北京〔路〕總管兼大（興）〔定〕府尹于也孫脫、〔一〇〕禮部郎中孟甲持詔諭禃，其略曰：「向請撤兵，則已撤之矣。三年當去水就陸，而前言無徵也。又太祖法制，凡內屬之國，納質、助軍、輸糧、設驛、編戶籍、置長官，已嘗明諭之，而稽延至今，終無成言。在太（祖）〔宗〕時，王綧等已入質，〔一一〕驛傳亦粗立，餘率未奉行。今將問罪於宋，其所助士卒舟艦幾何？輸糧則就爲儲積，至若設官及戶版事，其意謂何？故以問之。」三月，于也孫脫等至其國。

四月，禃遣其門下侍郎李藏用奉表與也孫脫等入朝。五月，帝敕藏用曰：「往諭爾主，速以軍數實奏，將遣人督之。今出軍，爾等必疑將出何地，或欲南宋，或欲日本，爾主當造舟一千艘，能涉大海可載四千石者。」藏用曰：「舟艦之事卽當應命，但人民殘少，恐不及期。往者臣國有軍四萬，三十餘年間死於兵疫，今止有牌子頭、五十戶、百戶、千戶之類虛名，而無軍卒。」帝曰：「死者有之，生者亦有之。」藏用曰：「賴聖德，自撤兵以來，有生長者僅十歲耳。」帝又曰：「自爾來者言，海中之事，於宋得便風可三日而至，日本則朝發而夕至。舟中載米，海中捕魚而食之，則豈不可行乎？」又敕藏用曰：「歸可以此言諭爾主。」

七月，詔都統領脫朶兒、武德將軍統領王國昌、武略將軍副統領劉傑等使其國，與其來朝者大將軍崔東秀偕行。八月，至其國，禃出昇天府迎之，蓋諭以閱軍造船也。九月，以禃表奏潘阜等奉使無功而還，復遣黑的等使日本，詔禃遣重臣導送。十二月，禃遣其知門下省事申思（全）〔佺〕、〔三〕禮部侍郎陳井、起居舍人潘阜等從國信使黑的等赴日本，借禮部侍郎張鎰奉表從脫朶兒入朝。

六年正月，禃遣其大將軍康允（玿）〔紹〕奉表奏誅權臣金俊等。三月，禃復遣申思（全）〔佺〕奉表從黑的入朝。六月，禃遣其世子愖入朝。賜禃玉帶一，愖金五十兩，從官銀幣有差。七月，帝遣明威將軍都統領脫朶兒、武德將軍統領王國昌、武略將軍副統領劉傑相視耽羅等處道路，詔禃選官引達，以人言耽羅海道往南宋、日本甚易故也。

八月，世子愖至朝，奏本國臣下擅廢禃立其弟安慶公淐事。詔遣使臣斡朶思不花、李諤等至其國詳問之。九月，其樞密院副使金方慶奉表從斡朶思不花等入朝。樞密院御史臺奏，世子愖言：「朝廷若出征，能辦軍三千，備糧五月，如官軍入境，臣宜同往，庶不驚擾。」帝然之。詔授世子禃特進、上柱國，敕愖率兵三千赴其國難。命抄不花往征其國，以病不果行，詔遣蒙哥都代之。

十月，帝以禃、淐廢置乃林衍所爲，遣中憲大夫兵部侍郎黑的、淄萊路總管府判官徐世雄詔禃、淐、衍等以十二月同詣闕下，面陳情實，聽其是非。又遣國王頭輦哥等率兵壓境，如踰期不至，卽當窮治首惡，進兵勦戮。命趙璧行中書省于東京，仍詔諭高麗國軍民。十一月，高麗都統領崔坦等以林衍作亂，挈西京五十餘城入附。遣斷事官別同瓦馳驛於王綧、洪茶丘所管實科差戶內簽軍至東京，付樞密院，得三千三百人。高麗西京都統李延齡乞益兵，遣忙哥都率兵二千赴之。

樞密院臣議征高麗事。初，馬亨以爲「高麗者，本箕子所封之地，漢、晉皆爲郡縣。今雖來朝，其心難測。莫若嚴兵假道，以取日本爲名，乘勢可襲其國，定爲郡縣」。亨又言：「今既有釁端，不宜遣兵伐之。萬一不勝，上損國威，下損士卒。彼或上表言情，宜赦其罪戾，減其貢獻，以安撫其民，庶幾感慕聖化。俟南宋已平，彼有他志，回兵誅之，亦未晚也。」前樞密院經歷馬希驥亦言：「今之高麗，乃古新羅、百濟、高句麗三國併而爲一。大抵藩鎮權分則易制，諸侯强盛則難臣。驗彼州城軍民多寡，離而爲二，分治其國，使權侔勢等，自相維制，則徐議良圖，亦易爲區處耳。」黑的等至其國，禃受詔復位，遣借禮部侍郎朴（杰）〔烋〕從黑的等奉表入朝。〔三〕十二月，乃親朝京師。

七年正月，遣使言：「比奉詔，臣已復位，令從七百人入覲。」詔令從四百人來，餘留之西京。詔西京內屬，改東寧府，畫慈悲嶺爲界，以忙哥都爲安撫使，佩虎符，率兵戍其西境。詔諭其國僚屬軍民以討林衍之故，其略曰：「朕卽位以來，閔爾國久罹兵亂，册定爾主，撤還兵戍，十年之間，其所以撫護安全者，靡所不至。不圖逆臣林衍自作弗靖，擅廢易國王禃，脅立安慶公淐，詔令赴闕，復稽延不出，豈可釋而不誅。已遣行省率兵東下，惟林衍一身是討。其安慶公涓本非得已，在所寬宥。自餘脅從詿誤，一無所問。」二月，遣軍送禃就國，詔諭高麗國官吏軍民曰：「朕惟臣之事君，有死無二，不意爾國權臣，輒敢擅廢國主。彼旣驅率兵衆，將致爾衆危擾不安，以汝黎庶之故，特遣兵護送國王禃還國，奠居舊京，命達魯花赤同往鎭撫，以靖爾邦。惟爾東土之人，不知爲汝之故，必生疑懼，爾衆咸當無畏，按堵如故。已別敕將帥，嚴戒兵士勿令侵犯。汝或妄動，汝妻子及汝身當致俘略，宜審思之。」

初，有旨令頭輦哥行省駐西京，而以忙哥都、趙良弼充安撫使，與禃俱入其京；旣而復令行省入其王京，而以脫（脫）朶兒充其國達魯花赤，〔一四〕罷安撫司。四月，東京行尙書省軍近西京，遣徹徹都等同禃之臣鄭子璵等持省劄召高麗國令公林衍。使還，言：「衍已死，子惟茂襲令公位。其國侍郎洪文（係）〔系〕、〔一五〕尙書宋宗禮，〔一六〕殺惟茂及衍婿崔宗（玿）〔紹〕。〔一七〕惟茂弟惟（裀）〔栶〕自剄。〔一八〕衍黨裴仲孫等復集餘衆，立禃庶族承化侯爲王，竄入珍島。」大軍次王京西闕城，遣人收繫林衍妻子。行省與禃議遷江華島居民於王京，仍宣詔撫綏之，禃弗從，至入居其舊京，始從行省之議。六月，禃遣人報有朝廷逃軍與承化侯者以三別抄軍叛。世子愖復言：「叛兵據江華島，宜率軍水陸進擊之。」禃復報叛兵悉遁去。世子愖言：「叛兵劫府庫，燒圖籍，逃入海中。」行省使人覘江華島中百姓皆空，島之東南，相距約四十里，叛兵乘船候風，勢欲遁。於是卽命乃顏率衆追擊之。七月，丞相安童等言，頭輦哥等遣大托、忙古䚟來言，令阿海領軍一千五百，屯王京伺察其國中。遂以阿海爲安撫使。十一月，中書省臣言於高麗設置屯田經略司。以忻都、史樞爲鳳州等處經略使，佩虎符，領軍五千屯田於金州；又令洪茶丘以舊領民二千屯田，阿剌帖木兒爲副經略司，總轄之，而罷阿海軍。

閏十一月，世子愖還。有詔諭禃以其陪臣元傅等妄奏頭輦哥國王爲頭行省官員數事，及其國私與南宋、日本交通，又往年所言括兵造船至今未有成效，且謂自此以往或先有事南宋，或先有事日本，兵馬、船艦、資糧，早宜措置。是月，又詔禃曰：「嚮嘗遣信使通問日本，不謂執迷固難以善言開諭，此卿所知。將經略於彼，敕有司發卒屯田，爲進取之計，庶免爾國他日轉輸之勞。仍遣使持書，先示招懷。卿其悉心盡慮，俾贊方略，期於有成，以稱朕意。」初，林衍之變，百姓驚擾，至是下詔撫慰之。

十二月，詔諭禃送使通好日本，曰：「朕惟日本自昔通好中國，實相密邇，故嘗詔卿導達去使，講信修睦，爲其疆吏所梗，竟不獲明諭朕心。後以林衍之亂，故不暇及。今既輯寧爾家，遣少中大夫、祕書監趙良弼充國信使，期於必達。仍以忽林赤、王國昌、洪茶丘將兵送抵海上。比國信使還，姑令金州等處屯駐。所需糧餉，卿專委官赴彼，逐近供給，幷鳩集金州旁左船艦，於金州需待，無致稽緩匱乏。」

八年正月，禃遣其樞密使金鍊奉表入見，請結婚。安撫使阿海略地珍島，與逆黨遇，多所亡失。中書省臣言諜知珍島餘糧將竭，宜乘弱攻之，詔不許。二月，命忽都答兒持詔諭裴仲孫。三月，仲孫乞諸軍退屯，然後內附，忻都未從其請，有詔諭之。四月，忻都言仲孫稽留詔使，負固不服，乞與虎林赤、王國昌分道進討，從之。以討珍島諭禃。五月，忻都與史樞、洪茶丘大敗珍島賊，獲承化侯斬之，其黨金通精走耽羅。七月，禃遣其上將軍鄭子琠奉表謝平珍島。世子愖率其尙書右丞宋玢、軍器監薛公儉等衣冠胤胄二十八人入侍。八月，忽林赤赴鎭邊合浦縣屯所。九月，禃遣其通事別將徐(稱)〔偁〕導送宣撫趙良弼使日本。〔一九〕帝遣愖還國。十一月，禃遣其同知樞密院事李昌慶奉表謝許婚事。

九年正月，禃遣其別將白琚偕張鐸等十二人奉表入見。世子愖以其國尙書右丞宋玢、玢父上將軍宗禮討林惟茂狀，言其功于中書省。遣郎中不花、馬璘使高麗，諭以供戰船輸軍糧事。二月，禃致書日本，使通好于朝。六月，遣西京屬城諸達魯花赤及質子金鎰等歸國。

十年正月，禃遣其世子愖入朝。四月，經略使忻都同洪茶丘領兵入海，攻拔耽羅城，禽金通精等，奉詔誅之。六月，禃遣其大將軍金忻表奏攻破濟州。九月，禃屢言：「小國地狹，比歲荒歉，其生券軍乞駐東京。」詔令營北京界，仍敕東京路運米二萬石賑之。達魯花赤焦天翼還朝。

十一年正月己卯朔，宮闕告成，帝始御正殿，受皇太子諸王百官朝賀。禃遣其少卿李義孫等入賀。三月，遣木速塔八、撒木合持詔使高麗簽軍五千六百人助征日本。五月，皇女忽都魯揭里迷失下嫁于世子愖。七月，其樞密院副使奇蘊奉表告王禃薨，命世子愖襲爵，詔諭高麗國王宗族及大小官員百姓人等，其略曰：「國王王禃存日，屢言世子愖可爲繼嗣。今令愖襲爵爲王。凡在所屬，並聽節制。」八月，世子愖還至其國襲位。九月，遣其齊安侯王淑上表謝恩。十一月，皇女入京城。愖復遣其判閤門事李信孫等奉表入謝。十二月，以黑的爲高麗達魯花赤，李益受代還。

十二年七月，黑的還朝。十一月，遣使諭愖改官職名號，愖遣其帶方侯王澂率衣冠子弟二十人入侍。以石抹天衢充副達魯花赤。

十三年七月，愖遣其僉議中贊金方慶奉表賀平宋。十一月，愖遣其判祕書寺事朱悅奉表，奏改名(賰)〔賰〕。〔一〇〕

十四年正月，金方慶等爲亂，命愖治之，仍命忻都、洪茶丘飭兵禦備。

十五年一月，(賰)〔賰〕以達魯花赤石抹天衢秩滿未代，請復留三年，從之。東征元帥府上言：「以高麗侍中金方慶與其子忄+叟、愃、恂，婿趙(卞)〔抃〕等，〔一一〕陰養死士四百人，匿鎧仗器械，造戰艦，積糧餉，欲謀作亂，捕方慶等按驗得實，已流諸海島。然高麗初附，民心未安，可發征日本還卒二千七百人，置長吏，屯忠清、全羅諸處，鎭撫外夷，以安其民；復令士卒備牛畜耒耜，爲來歲屯田之計。」七月，改鑄駙馬高麗王印賜（睶）〔賰〕。

十六年正月，敕其國置大灰艾州、東京、柳石、孛落四驛。

十七年五月，（睶）〔賰〕以民饑，乞貸糧萬石，從之。七月，以其國初置驛站，民乏食，命給糧一歲，仍禁使臣往來勿求索飲食。十月，加（睶）〔賰〕開府儀同三司、中書左丞相、行中書省事。

十八年二月，（睶）〔賰〕言本國必闍赤不諳行移文字，請除郎中員外各一員以爲參佐。（睶）〔賰〕又請易宣命職銜，增駙馬字，從之。六月，（睶）〔賰〕言本國置驛四十，民畜凋弊。敕併爲二十站，仍給馬價八百錠。八月，陞其僉議府爲從三品。十一月，金州等處置鎭邊萬戶府，以控制日本。

十九年正月，（睶）〔賰〕以日本寇其邊海郡邑，燒居室掠子女而去，請發闍里帖木兒麾下蒙古軍五百人戍金州，又從之。

二十年五月，立征東行中書省，以高麗國王與阿塔海共事。

二十八年五月，以（睶）〔賰〕子謜爲世子，授特進、上柱國，賜銀印。十月，以其國饑，給以米二十萬斛。

三十年二月，(睶)〔賰〕遣使入奏，復更名昛，及乞功臣號。制曰：「特進、上柱國、開府儀同三司、征東行中書省左丞相、駙馬高麗王昛，世守王爵，選尚我家。載旌藩屏之功，宜示褒嘉之寵。可賜號推忠宣力定遠功臣，餘如故。益懋厥勳，對揚休命。」十一月，昛入朝。

成宗元貞二年七月，陞其僉議司爲二品。

大德元年十一月，封昛爲逸壽王，以世子謜爲高麗王，從所請也。

二年七月，中書省臣奏謜有罪當廢，復以其父昛爲王。

三年正月，昛遣使入貢。丞相完澤等言：「世祖時，或言高麗僭設省、院、臺，有旨罷之，其國遂改立僉議府、密直司、監察司。今謜加其臣趙仁規司徒、司空、侍中之職。又昛給仁規赦九死獎諭文書。又擅寫皇朝帝系，及自造曆，加其女爲令妃。又立資政院，以崔冲紹爲與祿大夫。又嘗奉太后旨，公主與謜兩位下怯薛䚟合併爲一。謜不奉旨。謜又擅殺千戶金呂而以其金符給宦者朮合兒。又仁規進女侍謜，有巫蠱事。今乞將仁規、冲紹發付京兆、鞏昌兩路安置，不得他適。昛行事不法，謜年少妄殺無辜，乞降詔戒飭。」帝命杖仁規、冲紹而遣之。二月，詔諭昛幷闔境臣民：「自今以始，勉遵守國之規，益謹畏天之戒。凡在官者，各勤乃事，協力匡贊，毋蹈前非，自干刑憲。緇黃士庶，各安其業。」

五月，哈散使高麗還，言晅不能服其衆，朝廷宜遣官共理之。遂復立征東行省，命闊里吉思爲高麗行省平章政事。九月，晅遣使入貢，以朝廷增置行省，上表陳情，其略言：「累世有勤王之功，凡八十餘年，歲修職貢。嘗以世子入侍，得聯婚帝室，遂爲甥舅，實感至恩。使小國不替祖風，永修侯職，是所望也。」

四年二月，征東行省平章闊里吉思言：「高麗國王自署官府三百五十八所，官四千五十五員，〔三〕衣食皆取之民，復苛征之。又其大會，王曲蓋、龍扆、警蹕，諸臣舞蹈山呼，一如朝儀，僭擬過甚。」遣山東宣慰使塔察兒、刑部尚書王泰亨齎詔諭之，使釐正以聞。三月，闊里吉思復上言：「僉議司官不肯供報民戶版籍、州縣疆界。本國橫科暴斂，民少官多，刑罰不一，若止依本俗行事，實難撫治。」

五年二月，爲晅罷行省官，有詔諭晅。秋七月，晅上表言：「昔居海島時，嘗用山呼，後改呼千秋。今既奉明詔，一切皆罷。又革官府九十餘所，汰官吏二百七十餘員。他如雜徭病民、馹騎煩擾驛傳者，亦皆省之。」詔曰：「卿其諭朕意，所言當始終行之，或有不然，寧不羞懼？」

晅自大德二年復位，八年而薨。子謜復襲王位。成宗初年，尙寶塔實憐公主。十一年，進爵瀋陽王，繼襲位高麗國王，生子燾。燾受遜位，以仁宗皇慶二年四月封高麗國王。是年，其弟暠立爲世子，以其父瀋陽王請於朝故也。自瞮傳其子禃，禃傳其子晅，晅傳其子

諒，諒傳其子燾，燾傳其弟暠。禃初名倎，昛初名愖，又名（睶）〔賰〕，後乃名昛；諒則更名（章）〔瑋〕云。〔三〕

耽羅

耽羅，高麗與國也。世祖旣臣服高麗，以耽羅爲南宋、日本衝要，亦注意焉。至元六年七月，遣明威將軍都統領脫脫兒、武德將軍統領王國昌、武略將軍副統領劉傑往視耽羅等處道路，詔高麗國王王禃選官導送。時高麗叛賊林衍者，有餘黨金通精遁入耽羅。九年，中書省臣及樞密院臣議曰：「若先有事日本，未見其逆順之情。恐有後辭，可先平耽羅，然後觀日本從否，徐議其事。且耽羅國王嘗來朝覲，今叛賊逐其主，據其城以亂，舉兵討之，義所先也。」

十年正月，命經略使忻都、史樞及洪茶丘等率兵船大小百有八艘，討耽羅賊黨。六月，平之，於其地立耽羅國招討司，屯鎮邊軍千七百人。其貢賦歲進毛施布百匹。招討司後改爲軍民都達魯花赤總管府，又改爲軍民安撫司。

三十一年，高麗王上言，耽羅之地，自祖宗以來臣屬其國；林衍逆黨旣平之後，尹邦寶充招討副使，以計求徑隸朝廷，乞仍舊。帝曰：「此小事，可使還屬高麗。」自是遂復隸高麗。

日本

日本國在東海之東，古稱倭奴國，或云惡其舊名，故改名日本，以其國近日所出也。其土疆所至與國王世系及物產風俗，見宋史本傳。日本爲國，去中土殊遠，又隔大海，自後漢歷魏、晉、宋、隋皆來貢。唐永徽、顯慶、長安、開元、天寶、上元、貞元、元和、開成中，並遣使入朝。宋雍熙元年，日本僧奝然，與其徒五六人浮海而至，奉職貢，幷獻銅器十餘事。奝然善隸書，不通華言。問其風土，但書以對，云其國中有五經書及佛經、白居易集七十卷。奝然還後，以國人來者曰滕木吉，以僧來者曰寂照。寂照識文字，繕寫甚妙。至熙寧以後，連貢方物，其來者皆僧也。

元世祖之至元二年，以高麗人趙彝等言日本國可通，擇可奉使者。三年八月，命兵部侍郎黑的，給虎符，充國信使，禮部侍郎殷弘給金符，充國信副使，持國書使日本。書曰：

大蒙古國皇帝奉書日本國王。朕惟自古小國之君，境土相接，尙務講信修睦。況我祖宗，受天明命，奄有區夏，遐方異域畏威懷德者，不可悉數。朕卽位之初，以高麗無辜之民久瘁鋒鏑，卽令罷兵還其疆域，反其旄倪。高麗君臣感戴來朝，義雖君臣，歡若父子。計王之君臣亦已知之。高麗，朕之東藩也。日本密邇高麗，開國以來亦時通中國，至於朕躬，而無一乘之使以通和好。尙恐王國知之未審，故特遣使持書，布告朕志，冀自今以往，通問結好，以相親睦。且聖人以四海爲家，不相通好，豈一家之理哉。以至用兵，夫孰所好。王其圖之。

黑的等道由高麗，高麗國王王禃以帝命遣其樞密院副使宋君斐、借禮部侍郎金贊等導詔使黑的等往日本，不至而還。

四年六月，帝謂王禃以辭爲解，令去使徒還，復遣黑的等至高麗諭禃，委以日本事，以必得其要領爲期。禃以爲海道險阻，不可辱天使，九月，遣其起居舍人潘阜等持書往日本，留六月，亦不得其要領而歸。

五年九月，命黑的、弘復持書往，至對馬島，日本人拒而不納，執其塔二郎、彌二郎二人而還。

六年六月，命高麗金有成送還執者，俾中書省牒其國，亦不報。有成留其太宰府守護所者久之。十二月，又命祕書監趙良弼往使。書曰：「蓋聞王者無外，高麗與朕既爲一家，王國實爲鄰境，故嘗馳信使修好，爲疆埸之吏抑而弗通。所獲二人，敕有司慰撫，俾齎牒以還，遂復寂無所聞。繼欲通問，屬高麗權臣林衍構亂，坐是弗果。豈王亦因此輟不遣使，或已遣而中路梗塞，皆不可知。不然，日本素號知禮之國，王之君臣寧肯漫爲弗思之事乎。近已滅林衍，復舊王位，安集其民，特命少中大夫祕書監趙良弼充國信使，持書以往。如卽發使與之偕來，親仁善鄰，國之美事。其或猶豫以至用兵，夫誰所樂爲也，王其審圖之。」良弼將往，乞定與其王相見之儀。廷議與其國上下之分未定，無禮數可言。帝從之。

七年十二月，詔諭高麗王禃送國信使趙良弼通好日本，期於必達。仍以忽林失、王國昌、洪茶丘將兵送抵海上，比國信使還，姑令金州等處屯駐。

八年六月，日本通事曹介升等上言：〔三四〕「高麗迂路導引國使，外有捷徑，倘得便風半日可到。若使臣去，則不敢同往；若大軍進征，則願爲鄉導。」帝曰：「如此則當思之。」九月，高麗王禃遣其通事別將徐（稱）〔偁〕導送良弼使日本，日本始遣彌四郎者入朝，帝宴勞遣之。

九年二月，樞密院臣言：「奉使日本趙良弼遣書狀官張鐸來言，去歲九月，與日本國人彌四郎等至太宰府西守護所。守者云，曩爲高麗所紿，屢言上國來伐；豈期皇帝好生惡殺，先遣行人下示璽書，然王京去此尙遠，願先遣人從奉使回報。」良弼乃遣鐸同其使二十六人至京師求見。帝疑其國主使之來，云守護所者詐也。詔翰林承旨和禮霍孫以問姚樞、許衡等，皆對曰：「誠如聖算。彼懼我加兵，故發此輩伺吾强弱耳。宜示之寬仁，且不宜聽其入見。」從之。是月，高麗王禃致書日本。五月，又以書往，令必通好大朝，皆不報。

十年六月，趙良弼復使日本，至太宰府而還。

十一年三月，命鳳州經略使忻都、高麗軍民總管洪茶丘，以千料舟、拔都魯輕疾舟、汲水小舟各三百，共九百艘，載士卒一萬五千，期以七月征日本。冬十月，入其國，敗之。而官軍不整，又矢盡，惟虜掠四境而歸。

十二年二月，遣禮部侍郎杜世忠、兵部侍郎何文著、計議官撒都魯丁往使，復致書，亦不報。

十四年，日本遣商人持金來易銅錢，許之。

十七年二月，日本殺國使杜世忠等。征東元帥忻都、洪茶丘請自率兵往討，廷議姑少緩之。五月，召范文虎，議征日本。八月，詔募征日本士卒。

十八年正月，命日本行省右丞相阿剌罕、右丞范文虎及忻都、洪茶丘等率十萬人征日本。二月，諸將陛辭。帝敕曰：「始因彼國使來，故朝廷亦遣使往，彼遂留我使不還，故使卿輩爲此行。朕聞漢人言，取人家國，欲得百姓土地，若盡殺百姓，徒得地何用。又有一事，朕實憂之，恐卿輩不和耳。假若彼國人至，與卿輩有所議，當同心協謀，如出一口答之。」五月，日本行省參議裴國佐等言：「本省右丞相阿剌罕、范右丞、李左丞先與忻都、茶丘入朝。

時同院官議定，領舟師至高麗金州，與忻都、茶丘軍會，然後入征日本。又爲風水不便，再議定會於一岐島。今年三月，有日本船爲風水漂至者，令其水工畫地圖，因見近太宰府西有平戶島者，周圍皆水，可屯軍船。此島非其所防，若徑往據此島，使人乘船往一岐，呼忻都、茶丘來會進討爲利。」帝曰：「此間不悉彼中事宜，阿剌罕輩必知，令其自處之。」六月，阿剌罕以病不能行，命阿塔海代總軍事。八月，諸將未見敵，喪全師以還，乃言：「至日本，欲攻太宰府，暴風破舟，猶欲議戰，萬戶厲德彪、招討王國佐、水手總管陸文政等不聽節制，輒逃去。本省載餘軍至合浦，散遣還鄉里。」未幾，敗卒于閶脫歸，言：「官軍六月入海，七月至平壺島，移五龍山。八月一日，風破舟。五日，文虎等諸將各自擇堅好船乘之，棄士卒十餘萬于山下。衆議推張百戶者爲主帥，號之曰張總管，聽其約束。方伐木作舟欲還，七日，日本人來戰，盡死。餘二三萬爲其虜去。九日，至八角島，盡殺蒙古、高麗、漢人，謂新附軍爲唐人，不殺而奴之。閶輩是也。」蓋行省官議事不相下，故皆棄軍歸。久之，莫青與吳萬五者亦逃還，十萬之衆得還者三人耳。

二十年，命阿塔海爲日本省丞相，與徹里帖木兒右丞、劉二拔都兒左丞，募兵造舟，欲復征日本。淮西宣慰使昂吉兒上言民勞，乞寢兵。

二十一年，又以其俗尙佛，遣王積翁與補陀僧如智往使。舟中有不願行者，共謀殺積翁，不果至。

二十三年，帝曰：「日本未嘗相侵，今交趾犯邊，宜置日本，專事交趾。」

成宗大德二年，江浙省平章政事也速答兒乞用兵日本。帝曰：「今非其時，朕徐思之。」

三年，遣僧寧一山者，加妙慈弘濟大師，附商舶往使日本，而日本人竟不至。

校勘記

〔一〕高麗王名缺　考異云：「案太祖紀稱高麗王瞮降，請歲貢方物。考朝鮮史，太祖十三年爲王瞮即位之五年。」闕文當作「王瞮」。

〔二〕蒲里岱也　高麗史卷二二高宗世家高宗六年正月庚寅條及東國通鑑均作「蒲里岱完」。新元史改「也」作「完」，疑是。

〔三〕喜速不（爪）〔瓜〕　從北監本改。高麗史卷二二高宗世家高宗八年十月乙卯條「瓜」作「花」。「不瓜」、「不花」蒙語，義爲「牡牛」。

〔四〕着（右）〔古〕歟　從北監本改。按前後文皆作「着古歟」。

〔五〕懷安公　「懷」當作「淮」。見卷二〇校勘記〔一〕。

〔六〕池義源　高麗史卷二三高宗世家高宗十九年三月甲午條及東國通鑑「源」作「深」。新元史從改，疑是。

〔七〕將軍趙叔（章）〔昌〕御史薛愼　據高麗史卷一二三高宗世家高宗十九年四月壬戌條改。新元史已校。又高麗史「將軍」作「上將軍」，「御史」作「侍御史」，疑此處有脫文。

〔八〕爾初〔以〕世子奉幣納款　據高麗史卷二五元宗世家元宗元年四月丙午條補。新元史已校。

〔九〕康允（玿）〔紹〕　據高麗史卷二六元宗世家元宗五年五月己丑條、卷一二三康允紹傳改。下同。

〔一〇〕北京〔路〕總管兼大（興）〔定〕府尹于也孫脫　據本書卷六世祖紀至元五年正月辛丑條及高麗史卷二六元宗世家元宗九年三月壬申條補改。按當時有北京路總管府，領大定府。大興府屬燕京路。

〔一一〕太（祖）〔宗〕時王綧等已入質　按上文，王綧于太宗十三年入質，與本書卷二太宗紀太宗十三年秋條符，據改。

〔一二〕申思（全）〔佺〕　據高麗史卷二六元宗世家元宗九年十二月庚辰條改。新元史已校。下同。

〔一三〕朴（杰）〔休〕　據本書卷六世祖紀至元六年十一月庚午條及高麗史卷二六元宗世家元宗十年十一月戊辰條改。

〔一四〕脫（脫）朶兒　見卷七校勘記〔三〕。

〔一五〕洪文（係）〔系〕　據高麗史卷二六元宗世家元宗十一年五月癸丑條及卷一三〇林衍傳改。

〔一六〕宋宗禮　見卷七校勘記〔五〕。下同。

〔一七〕崔宗（玿）〔紹〕　據高麗史卷一三〇林衍傳及東國通鑑卷三五改。

〔一八〕惟（祵）〔梱〕　據高麗史卷一三〇林衍傳及東國通鑑卷三五改。

〔一九〕徐（稱）〔偁〕　據高麗史卷二七元宗世家元宗十三年四月庚寅條、東國通鑑卷三六改。下同。

〔二〇〕奏改名（睟）〔睟〕　見卷九校勘記〔九〕。下同。

〔二一〕趙（卞）〔抃〕　據高麗史卷一〇四金方慶傳、東國通鑑卷三七改。

〔二二〕四千五十五員　高麗史卷三二忠烈王世家忠烈王二十七年四月己丑條作「四千三百五十五員」。東國通鑑同。疑此處脫「三百」二字。

〔二三〕諒則更名（章）〔璋〕　見卷二二校勘記〔一六〕。

〔二四〕曹介升　按元文類卷四一經世大序錄征伐作「曹介叔」。「升」字疑誤。

元史卷二百九

列傳第九十六

外夷二

安南

安南國，古交趾也。秦幷天下，置桂林、南海、象郡。秦亡，南海尉趙佗擊倂之。漢置九郡，交趾居其一。後女子徵側叛，遣馬援平之，立銅柱爲漢界。唐始分嶺南爲東、西二道，置節度，立五筦，安南隸焉。宋封丁部領爲交趾郡王，其子璉亦爲王。傳三世爲李公蘊所奪，卽封公蘊爲王。李氏傳八世至昊旵，陳日煚爲昊旵壻，遂有其國。

元憲宗三年癸丑，兀良合台從世祖平大理。世祖還，留兀良合台攻諸夷之未附者。七年丁巳十一月，兀良合台兵次交趾北，先遣使二人往諭之，不返，乃遣徹徹都等各將千人，分道進兵，抵安南京北洮江上，復遣其子阿朮往爲之援，幷覘其虛實。交人亦盛陳兵衞。

阿朮遣軍還報，兀良合台倍道兼進，令徹徹都爲先鋒，阿朮居後爲殿。十二月，兩軍合，交人震駭。阿朮乘之，敗交人水軍，虜戰艦以還。兀良合台亦破其陸路兵，又與阿朮合擊，大敗之，遂入其國。日煚竄海島。得前所遣使於獄中，以破竹束體入膚，比釋縛，一使死，因屠其城。國兵留九日，以氣候鬱熱，乃班師。復遣二使招日煚來歸。日煚還，見國都皆已殘毁，大發憤，縛二使遣還。

八年戊午二月，日煚傳國于長子光昺，改元紹隆。夏，光昺遣其壻與其國人以方物來見，兀良合台送詣行在所，別遣訥剌丁往諭之曰：「昔吾遣使通好，爾等執而不返，我是以有去年之師。以爾國主播在草野，復令二使招安還國，爾又縛還吾使。今特遣使開諭，如爾等矢心內附，則國主親來，若猶不悛，明以報我。」光昺曰：「小國誠心事上，則大國何以待之？」訥剌丁還報。時諸王不花鎭雲南，兀良合台言于王，復遣訥剌丁往諭，使遣使偕來。光昺遂納款，且曰：「俟降德音，卽遣子弟爲質。」王命訥剌丁乘傳入奏。

世祖中統元年十二月，以孟甲爲禮部郎中，充南諭使，李文俊爲禮部員外郎，充副使，持詔往諭之。其略曰：「祖宗以武功創業，文化未修。朕纘承丕緒，鼎新革故，務一萬方。適大理國守臣安撫聶只陌丁馳驲表聞，爾邦有嚮風慕義之誠。念卿昔在先朝已嘗臣服，遠貢方物，故頒詔旨，諭爾國官僚士庶：凡衣冠典禮風俗一依本國舊制。已戒邊將不得擅興兵甲，侵爾疆埸，亂爾人民。卿國官僚士庶，各宜安治如故。」復諭甲等，如交趾遣子弟入覲，當善視之，毋致寒暑失節，重勞苦之也。

二年，孟甲等還，光昺遣其族人通侍大夫陳奉公、員外郎諸衛寄班阮琛、員外郎阮演詣闕獻書，乞三年一貢。帝從其請，遂封光昺爲安南國王。

三年九月，以西錦三、金熟錦六賜之，復降詔曰：「卿旣委質爲臣，其自中統四年爲始，每三年一貢，可選儒士、醫人及通陰陽卜筮、諸色人匠，各三人，及蘇合油、光香、金、銀、朱砂、沉香、檀香、犀角、玳瑁、珍珠、象牙、綿、白磁盞等物同至。」仍以訥剌丁充達魯花赤，佩虎符，往來安南國中。

四年十一月，訥剌丁還，光昺遣楊安養充員外郎及內令武復桓、書舍阮求、中翼郎范舉等奉表入謝，帝賜來使玉帶、繒帛、藥餌、鞍轡有差。

至元二年七月，使還，復優詔答之，仍賜曆及頒改元詔書。

三年十二月，光昺遣楊安養上表三通，其一進獻方物，其二免所索秀才工匠人，其三願請訥剌丁長爲本國達魯花赤。四年九月，使還，答詔許之，仍賜光昺玉帶、金繒、藥餌、鞍轡等物。未幾，復下詔諭以六事：一，君長親朝；二，子弟入質；三，編民數；四，出軍役；五，輸納稅賦；六，仍置達魯花赤統治之。十一月，又詔諭光昺，以其國有回鶻商賈，欲訪以西域事，令發遣以來。是月，詔封皇子爲雲南王，往鎭大理、鄯闡、交趾諸國。

五年九月，以忽籠海牙代訥剌丁爲達魯花赤，張庭珍副之，復下詔徵商賈回鶻人。

六年十一月，光昺上書陳情，言：「商旅回鶻，一名伊溫，死已日久；一名婆婆，尋亦病死。又據忽籠海牙謂陛下須索巨象數頭。此獸軀體甚大，步行甚遲，不如上國之馬，伏候敕旨，於後貢之年當進獻也。」又具表納貢，別奉表謝賜西錦、幣帛、藥物。

七年十一月，中書省移牒光昺，言其受詔不拜，待使介不以王人之禮，遂引春秋之義以責之，且令以所索之象與歲貢偕來，又前所貢藥物品味未佳，所徵回鶻輩，託辭欺誑，自今已往，其審察之。

八年十二月，光昺復書言：「本國欽奉天朝，已封王爵，豈非王人乎？天朝奉使復稱：王人與之均禮，恐辱朝廷。況本國前奉詔旨，令依舊俗，凡受詔令，奉安于正殿而退避別室，此本國舊典禮也。來諭索象，前恐忤旨，故依違未敢直對，實緣象奴不忍去家，難於差發。又諭索儒、醫、工匠，而陪臣黎仲佗等陛見之日，咫尺威光，不聞詔諭，況中統四年已蒙原宥，今復諭及，豈勝驚愕，惟閤下其念之。」

九年，以葉式捏爲安南達魯花赤，李元副之。

十年正月，葉式捏卒，命李元代式捏，以合撒兒海牙副之。中書省復牒光昺言：

比歲奉使還者言，王每受天子詔令，但拱立不拜，與使者相見或燕席，位加於使者之上。今覽來書，自謂既受王爵豈非王人乎？考之春秋敍王人於諸侯之上，釋例云：王人蓋下士也。夫五等邦君，外臣之貴者也。下士，內臣之微者也。以微者而加貴者之上，蓋以王命爲重也。後世列王爲爵，諸侯之尤貴者，顧豈有以王爵爲人者乎？王寧不知而爲是言耶，抑辭令之臣誤爲此言耶？至於天子之詔，人臣當拜受，此古今之通義不容有異者也。乃云前奉詔旨，並依舊俗，本國遵奉而行，凡受詔令，奉安於正殿而退避別室，此舊典禮也。讀之至此，實頓驚訝。王之爲此言，其能自安於心乎？前詔旨所言，蓋謂天壤之間不啻萬國，國各有俗，驟使變革，有所不便，故聽用本俗，豈以不拜天子之詔而爲禮俗也哉？且王之教令行於國中，臣子有受而下拜者，〔一〕則王以爲何如？君子貴於改過，緬想高明，其亮察之。

十一年，光昺遣童子冶、黎文隱來貢。

十二年正月，光昺上表請罷本國達魯花赤，其文曰：

微臣僻在海隅，得霑聖化與函牛，驩忭鼓舞。乞念臣自降附上國，十有餘年，雖奉三年一貢，然迭遣使臣，疲於往來，未嘗一日休息。至天朝所遣達魯花赤，辱臨臣境，安能空回，況其行人，動有所恃，凌轢小國。雖天子與日月並明，安能照及覆盆。且達魯花赤可施於邊蠻小醜，豈有臣旣席王封爲一方藩屏，而反立達魯花赤以監臨之，寧不見笑於諸侯之國乎？與其畏監臨而修貢，孰若中心悅服而修貢哉。臣恭遇天朝建儲、册后，大恩霶霈，施及四海，輒敢哀鳴，伏望聖慈特賜矜恤。今後二次發遣綱貢，一詣鄯闡奉納，一詣中原拜獻。凡天朝所遣官，乞易爲引進使，庶免達魯花赤之弊，不但微臣之幸，實一國蒼生之幸也。

二月，復降詔，以所貢之物無補於用，諭以六事，且遣合撒兒海牙充達魯花赤，仍令子弟入侍。十三年二月，光昺遣黎克復、文粹入貢，以所奏就鄯闡輸納貢物，事屬不敬，上表謝罪，幷乞免六事。

十四年，光昺卒，國人立其世子日烜，遣中侍大夫周仲彥、中亮大夫吳德卲來朝。十五年八月，遣禮部尙書柴椿、會同館使哈剌脫因、工部郎中李克忠、工部員外郎董端，同黎克復等持詔往諭日烜入朝受命。初，使傳之通也，止由鄯闡、黎化往來，帝命柴椿自江陵直抵邕州，以達交趾。閏十一月，柴椿等至邕州永平寨，日烜遣人進書，謂：「今聞國公辱臨敝境，邊民無不駭愕，不知何國人使而至於斯，乞回軍舊路以進。」椿回牒云：「禮部尙書等官奉上命與本國黎克復等由江陵抵邕州入安南，所有導護軍兵，合乘驛馬，宜來界首遠迓。」日烜差御史中贊兼知審刑院事杜國計先至，其太尉率百官自富（梁）〔良〕江岸奉迎入館。〔二〕十二月二日，日烜就館見使者。四日，日烜拜讀詔書。椿等傳旨曰：「汝國內附二十餘年，向者六事猶未見從。汝若弗朝，則修爾城，整爾軍，以待我師。」又云：「汝父受命爲王，汝不請命而自立，今復不朝，異日朝廷加罪，將何以逃其責。請熟慮之。」日烜仍舊例設宴于廊下，椿等弗就宴。既歸館，日烜遣范明字致書謝罪，改宴于集賢殿。日烜言：「先君棄世，予初嗣位。天使之來，開諭詔書，使予喜懼交戰于胸中。竊聞宋主幼小，天子憐之，尚封公爵，於小國亦必加憐。昔諭六事，已蒙赦免。若親朝之禮，予生長深宮，不習乘騎，不諳風土，恐死於道路。子弟太尉以下亦皆然。天使回，謹上表達誠，兼獻異物。」椿曰：「宋主年未十歲，亦生長深宮，如何亦至京師？但詔旨之外，不敢聞命。且我四人實來召汝，非取物也。」椿等還，日烜遣范明字、鄭國瓚、〔三〕中贊杜國計奉表陳情，言：「孤臣稟氣軟弱，恐道路艱難，徒暴白骨，致陛下哀傷而無益天朝之萬一。伏望陛下憐小國之遼遠，令臣得與鰥寡孤獨保其性命，以終事陛下。此孤臣之至幸，小國生靈之大福也。」兼貢方物及二馴象。

十六年三月，椿等先達京師，留鄭國瓚待於邕州。樞密院奏：「以日烜不朝，但遣使臣報命，飾辭托故，延引歲時，巧佞雖多，終違詔旨，可進兵境上，遣官問罪。」帝不從，命來使入覲。十一月，留其使鄭國瓚于會同館。復遣柴椿等四人與杜國計持詔再諭日烜來朝，「若果不能自覲，則積金以代其身，兩珠以代其目，副以賢士、方技、子女、工匠各二，以代其土民。不然，修爾城池，以待其審處焉」。

十八年十月，立安南宣慰司，以卜顏鐵木兒爲參知政事、行宣慰使都元帥，別設僚佐有差。是月，詔以光昺既歿，其子日烜不請命而自立，遣使往召，又以疾爲辭，止令其叔遺愛入覲，故立遺愛代爲安南國王。

二十年七月，日烜致書于平章阿里海牙，請還所留來使，帝卽遣還國。是時，阿里海牙爲荆湖占城行省平章政事，帝欲交趾助兵糧以討占城，令以己意諭之。行省遣鄂州達魯花赤趙翥以書諭日烜。十月，朝廷復遣陶秉直持璽書往諭之。十一月，趙翥抵安南。日烜尋遣中亮大夫丁克紹、中大夫阮道學等持方物從翥入覲，又遣中奉大夫范至淸、朝請郎杜抱直等赴省計事，且致書于平章，言：

添軍一件：占城服事小國日久，老父惟務以德懷之，迨于孤子之身，亦繼承父志；自老父歸順天朝，三十年于玆，干戈示不復用，軍卒毁爲民丁，一資天朝貢獻，一示心無二圖，幸閤下矜察。助糧一件：小國地勢瀕海，五穀所產不多，一自大軍去後百姓流亡，加以水旱，朝飽暮饑，食不暇給；然閤下之命，所不敢違，擬於欽州界上永安州地所，俟候輸納。續諭孤子親身赴闕，面奉聖訓。老父在時，天朝矜憫，置之度外；今老父亡歿，孤子居憂，感病至今，尚未復常，況孤子生長遐陬，不耐寒暑，不習水土，艱難道塗，徒暴白骨。以小國陪臣往來，尚爲沴氣所侵，或十之五六，或死者過半，閤下亦已素知。惟望曲爲愛護，敷奏天朝，庶知孤子宗族官吏一一畏死貪生之意。豈但孤子受賜，抑一國生靈賴以安全，共祝閤下享此長久自天之大福也。

二十一年三月，陶秉直使還，日烜復上表陳情，又致書于荊湖占城行省，大意與前書略同。又以瓊州安撫使陳仲達聽鄭天祐言「交趾通謀占城，遣兵二萬及船五百以爲應援」，又致書行省，其略曰：「占城乃小國內屬，大軍致討，所當哀籲，然未嘗敢出一言，蓋天時人事小國亦知之矣。今占城遂爲叛逆，執迷不復，是所謂不能知天知人者也。知天知人，而反與不能知天知人者同謀，雖三尺兒童亦知其弗與，況小國乎？幸貴省裁之。」八月，日烜弟昭德王陳璨致書於荊湖占城行省，自願納款歸降。十一月，行省右丞唆都言：「交趾與占臘、占城、雲南、暹、緬諸國接壤，可卽其地立省；及於越里、潮州、毗蘭三道屯軍鎭戍，因其糧餉以給士卒，庶免海道轉輸之勞。」

二十二年三月，荊湖占城行省言：「鎭南王昨奉旨統軍征占城，遣左丞唐兀䚟馳驛赴占城，約右丞唆都將兵會合。又遣理問官曲烈、宣使塔海撒里同安南國使阮道學等，持行省公文，責日烜運糧送至占城助軍；鎭南王路經近境，令其就見。」比官軍至衡山縣，聞日烜從兄興道王陳峻提兵界上。既而曲烈及塔海撒里引安南中亮大夫陳德鈞、朝散郎陳嗣宗以日烜書至，言其國至占城水陸非便，願隨力奉獻軍糧。及官軍至永州，日烜移牒邕州，言：「貢期擬取十月，請前塗預備丁力，若鎮南王下車之日，希文垂報。」行省命萬戶趙修己以意復書，復移公文，令開路備糧，親迎鎮南王。

及官軍至邕州，安南殿前范海崖領兵屯可蘭韋大助等處。至思明州，鎮南王復令移文與之。至祿州，復聞日烜調兵拒守丘溫、丘急嶺隘路，行省遂分軍兩道以進。日烜復遣其善忠大夫阮德輿、朝請郎阮文翰奉書與鎮南王，言：「不能親見末光，然中心欣幸。以往者欽蒙聖詔云別敕我軍不入爾境；今見邕州營站橋梁，往往相接，實深驚懼，幸昭仞忠誠，少加矜恤。」又以書抵平章政事，乞保護本國生靈，庶免逃竄之患。鎮南王命行省遣總把阿里持書與德輿同往諭日烜以興兵之故實爲占城，非爲安南也。至急保縣地，安南管軍官阮盝屯兵七源州，又村李縣短萬劫等處，俱有興道王兵，阿里不能進。行省再命倪閏往覘虛實，斟酌調軍，然不得殺掠其民。

未幾，撒答兒解、李邦憲、孫祐等言：至可離隘，遇交兵拒敵，祐與之戰，擒其管軍奉御杜尾、杜祐，始知興道王果領兵迎敵。官軍過可離隘，至洞板隘，又遇其兵，與戰敗之，其首將秦岑中傷死。聞興道王在內傍隘，又進兵至變住村，諭其收兵開路，迎拜鎮南王，不從。

至內傍隘，奉令旨令人招之，又不從。官軍遂分六道進攻，執其將大僚班段台。興道王逃去，追至萬劫，攻諸隘，皆破之。興道王尙有兵船千餘艘，距萬劫十里。遂遣兵士於沿江求船，及聚板木釘灰，置場創造，選各翼水軍，令烏馬兒拔都部領，數與戰，皆敗之。得其江岸遺棄文字二紙，乃日烜與鎭南王及行省平章書，復稱：「前詔別敕我軍不入爾境，今以占城旣臣復叛之故，因發大軍，經由本國，殘害百姓，是太子所行違誤，非本國違誤也。伏望勿外前詔，勒回大軍，本國當具貢物馳獻，復有異於前者。」行省復以書抵之，以爲：「朝廷調兵討占城，屢移文與世子俾開路備糧，不意故違朝命，俾興道王輩提兵迎敵，射傷我軍，與安南生靈爲禍者，爾國所行也。今大軍經爾國討占城，乃上命。世子可詳思爾國歸附已久，宜體皇帝涵洪慈憫之德，卽令退兵開道，安諭百姓，各務生理。我軍所過，秋毫無擾，世子宜出迎鎭南王，共議軍事。不然，大軍止於安南開府。」因令其使阮文翰達之。

及官軍獲生口，乃稱日烜調其聖翊等軍，船千餘艘，助興道王拒戰。鎭南王遂與行省官親臨東岸，遣兵攻之，殺傷甚衆，奪船二十餘艘。興道王敗走，官軍縛栰爲橋，渡富良江北岸。日烜沿江布兵船，立木柵，見官軍至岸，卽發砲大呼求戰。至晚，又遣其阮奉御奉鎭南王及行省官書，請小却大軍。行省復移文責之，遂復進兵。日烜乃棄城遁去，仍令阮效銳奉書謝罪，幷獻方物，且請班師。行省復移文招諭，遂調兵渡江，壁於安南城下。

明日，鎭南王入其國，宮室盡空，惟留屢降詔敕及中書牒文，盡行毁抹。外有文字，皆其南北邊將報官軍消息及拒敵事情。日烜僭稱大越國主憲天體道大明光孝皇帝陳威晃，禪位于皇太子，立太子妃爲皇后，上顯慈順天皇太后表章，於上行使「昊天成命之寶」。日烜卽居太上皇之位，見立安南國王係日烜之子，行紹寶年號。所居宮室五門，額書大興之門，左、右掖門；正殿九間書天安御殿；正南門書朝天閣。又諸處張榜云：「凡國內郡縣，假有外寇至，當死戰。或力不敵，許於山澤逃竄，不得迎降。」其險隘拒守處，俱有庫屋以貯兵甲。其棄船登岸之軍猶衆，日烜引宗族官吏於天長、長安屯聚，興道王、范殿前領兵船復聚萬劫江口，阮盝駐西路永平。

行省整軍以備追襲，而唐兀䚟與唆都等兵至自占城與大軍會合。自入其境，大小七戰，取地二千餘里、王宮四所。初，敗其昭明王兵，擊其昭孝王、大僚護皆死，昭明王遠遁不敢復出。又於安演州、淸化、長安獲亡宋陳尙書壻、交趾梁奉御及趙孟信、葉郎將等四百餘人。

萬戶李邦憲、劉世英領軍開道自永平入安南，每三十里立一寨，六十里置一驛，每一寨一驛屯軍三百鎭守巡邏。復令世英立堡，專提督寨驛公事。

右丞寬徹引萬戶忙古䚟、孛羅哈答兒由陸路，李左丞引烏馬兒拔都由水路，敗日烜兵船，禽其建德侯陳仲。日烜逃去，追至膠海口，不知所往。其宗族文義侯、父武道侯及子明智侯、壻〔張〕〔彰〕懷侯幷〔張〕〔彰〕憲侯、〔四〕亡宋官曾參政、蘇少保子蘇寶章、陳尚書子陳丁孫，相繼率衆來降。唐兀䚟、劉珪皆言占城無糧，軍難久駐。鎮南王令唆都引元軍於長安等處就糧。日烜至安邦海口，棄其舟楫甲仗，走匿山林。官軍獲船一萬艘，擇善者乘之，餘皆焚棄，復於陸路追三晝夜。

獲生口稱上皇、世子止有船四艘，興道王及其子三艘，太師八十艘，走清化府。唆都亦報：日烜、太師走清化。烏馬兒拔都以軍一千三百人、戰船六十艘，助唆都襲擊其太師等兵。復令唐兀䚟沿海追日烜，亦不知所往。

日烜弟昭國王陳益稷率其本宗與其妻子官吏來降。乃遣明里、昔班等送彰憲侯、文義侯及其弟明誠侯、昭國王子義國侯入朝。文義侯得北上，彰憲侯、義國侯皆爲興道王所殺，〔五〕彰憲侯死，義國侯脫身還軍中。

官軍聚諸將議：「交人拒敵官軍，雖數敗散，然增兵轉多；官軍困乏，死傷亦衆，蒙古軍馬亦不能施其技。」遂棄其京城，渡江北岸，決議退兵屯思明州。鎮南王然之，乃領軍還。是日，劉世英與興道王、興寧王兵二萬餘人力戰。

又官軍至如月江，日烜遣懷文侯來戰，行至册江，繫浮橋渡江，左丞唐兀䚟等軍未及渡而林內伏發，官軍多溺死，力戰始得出境。唐兀䚟等馳驛上奏。七月，樞密院請調兵以今年十月會潭州，聽鎭南王及阿里海牙擇帥總之。

二十三年正月，詔省臣共議，遂大舉南伐。二月，詔諭安南官吏百姓，數日烜罪惡，言其戕害叔父陳遺愛及弗納達魯花赤不顏鐵木兒等事。以陳益稷等自拔來歸，封益稷爲安南國王，賜符印，秀嵈爲輔義公，以奉陳祀。申命鎭南王脫懽、左丞相阿里海牙平定其國，以兵納益稷。

五月，發忙古臺麾下士卒合鄂州行省軍同征之。官兵入其境，日烜復棄城遁。

六月，湖南宣慰司上言：「連歲征日本及用兵占城，百姓罷於轉輸，賦役煩重，士卒觸瘴癘多死傷者，羣生愁嘆，四民廢業，貧者棄子以偸生，富者鬻產而應役，倒懸之苦日甚一日。今復有事交趾，動百萬之衆，虛千金之費，非所以恤士民也。且舉動之間，利害非一，又兼交趾已嘗遣使納表稱藩，若從其請以甦民力，計之上也。無已，則宜寬百姓之賦，積糧餉，繕甲兵，俟來歲天時稍利，然後大舉，亦未爲晚。」湖廣行省臣線哥是其議，遣使入奏，且言：「本省鎭戍凡七十餘所，連歲征戰，士卒精銳者罷於外，所存者皆老弱，每一城邑，多不過二百人。竊恐姦人得以窺伺虛實。往年平章阿里海牙出征，輸糧三萬石，民且告病，今復倍其數。官無儲畜，和糴於民間，百姓將不勝其困。宜如宣慰司所言，乞緩師南伐。」樞密院以聞，帝卽日下詔止軍，縱士卒還各營。益稷從師還鄂。

二十四年正月，發新附軍千人從阿八赤討安南。又詔發江淮、江西、湖廣三省蒙古、漢、劵軍七萬人，船五百艘，雲南兵六千人，海外四州黎兵萬五千，海道運糧萬戶張文虎、費拱辰、陶大明運糧十七萬石，分道以進。置征交趾行尙書省，奧魯赤平章政事，烏馬兒、樊楫參知政事總之，並受鎭南王節制。五月，命右丞程鵬飛還荆湖行省治兵。六月，樞密院復奏，令烏馬兒與樊參政率軍士水陸並進。九月，以瓊州路安撫使陳仲達、南寧軍民總管謝有奎、延欄軍民總管符庇成出兵船助征交趾，並令從征。日烜遣其中大夫阮文通等入貢。〔六〕

十一月，鎭南王次思明，留兵二千五百人命萬戶賀祉統之，以守輜重。程鵬飛、孛羅合答兒以漢、劵兵萬人由西道永平，奧魯赤以萬人從鎭南王由東道女兒關以進。阿八赤以萬人爲前鋒，烏馬兒、樊楫以兵由海道，經玉山、雙門、安邦口，遇交趾船四百餘艘，擊之，斬首四千餘級，生擒百餘人，奪其舟百艘，遂趨交趾。程鵬飛、孛羅合答兒經老鼠、陷沙、茨竹三關，凡十七戰，皆捷。

十二月，鎭南王次茅羅港，交趾興道王遁，因攻浮山寨，破之。又命程鵬飛、阿里以兵二萬人守萬劫，且修普賴山及至靈山木柵。命烏馬兒將水兵，阿八赤將陸兵，徑趨交趾城。

鎮南王以諸軍渡富良江，次城下，敗其守兵。日烜與其子棄城走敢喃堡，諸軍攻下之。

二十五年正月，日烜及其子復走入海。鎮南王以諸軍追之，次天長海口，不知其所之，引兵還交趾城。命烏馬兒將水兵由大滂口迓張文虎等糧船，奧魯赤、阿八赤等分道入山求糧。聞交趾集兵箇沉、箇黎、磨山、魏寨，發兵皆破之，斬萬餘級。

二月，鎮南王引兵還萬劫。阿八赤將前鋒，奪關繫橋，破三江口，攻下堡三十二，斬數萬餘級，得船二百艘、米十一萬三千餘石。烏馬兒由大滂口趨塔山，遇賊船千餘，擊破之；至安邦口，不見張文虎船，復還萬劫，得米四萬餘石。普賴、至靈山木柵成，命諸軍居之。諸將因言：「交趾無城池可守、倉庾可食，張文虎等糧船不至，且天時已熱，恐糧盡師老，無以支久，爲朝廷羞，宜全師而還。」鎮南王從之。命烏馬兒、樊楫將水兵先還，程鵬飛、塔出將兵護送之。三月，鎮南王以諸軍還。

張文虎糧船以去年十二月次屯山，遇交趾船三十艘，文虎擊之，所殺略相當。至綠水洋，賊船益多，度不能敵，又船重不可行，乃沉米於海，趨瓊州。費拱辰糧船以十一月次惠州，風不得進，漂至瓊州，與張文虎合。徐慶糧船漂至占城，亦至瓊州。凡亡士卒二百二十人、船十一艘、糧萬四千三百石有奇。

鎮南王次內傍關，賊兵大集，王擊破之。命萬戶張均以精銳三千人殿，力戰出關。諜知日烜及世子、興道王等，分兵三十餘萬，守女兒關及丘急嶺，連亘百餘里，以遏歸師。鎮南王遂由單己縣趨盝州，間道以出，次思明州。命愛魯引兵還雲南，奧魯赤以諸軍北還。日烜尋遣使來謝，進金人代己罪。十一月，以劉庭直、李思衍、萬奴等使安南，持詔諭日烜來朝。

二十六年二月，中書省臣奏既罷征交趾，宜拘收行省符印。四月，日烜遣其中大夫陳克用等來貢方物。

二十七年，日烜卒，子日燇遣使來貢。

二十八年十一月，鎮守永州兩淮萬戶府上千戶蔡榮上書，言軍事大要，以朝廷賞罰不明，士不用命，將帥不和，坐失事機，其弊有不可勝言者。書上，不報。

二十九年九月，遣吏部尚書梁曾、禮部郎中陳孚持詔再諭日燇來朝。詔曰：「省表具悉。去歲禮部尚書張立道言，曾到安南，識彼事體，請往開諭使之來朝。因遣立道往彼。今汝國罪愆既已自陳，朕復何言。若曰孤在制，及畏死道路不敢來朝，且有生之類寧有長久安全者乎。天下亦復有不死之地乎。朕所未喻，汝當具聞。徒以虛文歲幣，巧飾見欺，於義安在。」

三十年，梁曾等使還，日燇遣陪臣陶子奇等來貢。廷臣以日燇終不入朝，又議征之。

遂拘留子奇於江陵，命劉國傑與諸侯王亦（里吉）〔吉里〕𧟌等同征安南，〔七〕敕至鄂州與陳益稷議。八月，平章不忽木等奏立湖廣安南行省，給二印，市蜑船百斛者千艘，用軍五萬六千五百七十人、糧三十五萬石、馬料二萬石、鹽二十一萬斤，預給軍官俸津、遣軍人水手人鈔二錠，器仗凡七十餘萬事。國傑設幕官十一人，水陸分道並進。又以江西行樞密院副使徹里蠻爲右丞，從征安南，陳巖、趙修己、雲從龍、張文虎、岑雄等亦令共事。益稷隨軍至長沙，會寢兵而止。

三十一年五月，成宗卽位，命罷征。遣陶子奇歸國。日燇遣使上表慰國哀，幷獻方物。六月，遣禮部侍郎李衎、兵部郎中蕭泰登持詔往撫綏之，其略曰：「先皇帝新棄天下，朕嗣守大統，踐祚之始，大肆赦宥，無間遠近。惟爾安南，亦從寬宥，已敕有司罷兵，遣陪臣陶子奇歸國。自今以往，所以畏天事（天）〔大〕者，〔八〕其審思之。」

大德五年二月，太傅完澤等奏安南來使鄧汝霖竊畫宮苑圖本，私買輿地圖及禁書等物，又抄寫陳言征收交趾文書，及私記北邊軍情及山陵等事宜，遣使持詔責以大義。三月，遣禮部尚書馬合馬、禮部侍郎喬宗亮持詔諭日燇，大意以「汝霖等所爲不法，所宜窮治，朕以天下爲度，敕有司放還。自今使价必須選擇；有所陳請，必盡情悃。向以虛文見紿，曾何益於事哉，勿憚改圖以貽後悔」。中書省復移牒取萬戶張榮實等二人，與去使偕還。

武宗卽位，下詔諭之，屢遣使來貢。至大四年八月，世子陳日𤊞遣使奉表來朝。

仁宗皇慶二年正月，交趾軍約三萬餘衆，馬軍二千餘騎，犯鎭安州雲洞，殺掠居民，焚燒倉廩廬舍，又陷祿洞、知洞等處，虜生口孳畜及居民貲產而還，復分兵三道犯歸順州，屯兵未退。廷議俾湖廣行省發兵討之。四月，復得報：交趾世子親領兵焚養利州官舍民居，殺掠二千餘人，且聲言，「昔右江歸順州五次劫我大源路，掠我生口五千餘人；知養利州事趙玨禽我思浪州商人，取金一碾，侵田一千餘頃，故來讎殺」。

六月，中書省俾兵部員外郎阿里溫沙，樞密院俾千戶劉元亨，同赴湖廣行省詢察之。元亨等親詣上、中、下由村，相視地所，詢之居民農五，又遣下思明知州黃嵩壽往詰之，謂是阮盎世子太史之奴，然亦未知是否。於是牒諭安南國，其略曰：「昔漢置九郡，唐立五管，安南實聲教所及之地。況獻圖奉貢，上下之分素明；厚往薄來，懷撫之惠亦至。聖朝果何負於貴國，今胡自作不靖，禍焉斯啓。雖由村之地所係至微，而國家輿圖所關甚大。兼之所殺所虜，皆朝廷係籍編戶，省院未敢奏聞。然未審不軌之謀誰實主之？」安南回牒云：「邊鄙鼠竊狗偸輩，自作不靖，本國安得而知？」且以貨賂偕至。元亨復牒責安南飾辭不實，却其貨賂，且曰：「南金、象齒，貴國以爲寶，而使者以不貪爲寶。來物就付回使，請審察事情，明以告我。」而道里遼遠，情辭虛誕，終莫得其要領。元亨等推原其由：因交人向嘗侵永平邊境，今復傚效成風。兼聞阮盝世子乃交趾跋扈之人。爲今之計，莫若遣使諭安南，歸我土田，返我人民，仍令當國之人正其疆界，究其主謀，開釁之人戮於境上，申飭邊吏毋令侵越。却於永平置寨募兵，設官統領，給田土牛具，令自耕食，編立部伍，明立賞罰，令其緩急首尾相應，如此則邊境安靜，永保無虞。事聞，有旨，俟安南使至，即以諭之。

自延祐初元以及至治之末，疆埸寧謐，貢獻不絕。泰定元年，世子陳日爌遣陪臣莫節夫等來貢。

益稷久居於鄂，遙授湖廣行省平章政事；當成宗朝，賜田二百頃；武宗朝，進銀青榮祿大夫，加金紫光祿大夫，〔九〕復加儀同三司。文宗天曆二年夏，益稷卒，壽七十有六，詔賜錢五千緡。至順元年，謚忠懿王。

三年夏四月，世子陳日焯遣其臣鄧世延等二十四人來貢方物。

校勘記

〔一〕臣子有受而下拜者　北監本「下拜」作「不拜」，於文義較長。

〔二〕富（梁）〔良〕江　從道光本改。按本書卷一三、一四世祖紀至元二十二年正月壬午、乙酉、至元二十四年十二月乙酉條及嶺外代答卷二安南國、安南志略卷一郡邑皆作「富良江」。

〔三〕鄭國瓚　安南志略卷三大元奉使、卷一四歷代遣使作「鄭庭瓚」，大越史記本紀五陳聖宗紀戊寅六年條作「鄭廷瓚」。疑此處「國」字爲「庭」「廷」之誤。下同。

〔四〕（張）〔彰〕懷侯幷（張）〔彰〕憲侯　道光本與元文類卷四一經世大典序錄征伐合，從改。

〔五〕彰憲侯義國侯皆爲興道王所殺　按下文有「彰憲侯死，義國侯脫身還軍中」，此處云「所殺」不可通，史文有誤。道光本改「殺」爲「刼」。

〔六〕阮文通　按本書卷一四世祖紀至元二十四年九月丁未條及安南志略卷一四歷代遣使作「阮文彥」。疑「通」當作「彥」。

〔七〕亦（里吉）〔吉里〕觪　見本書卷一七校勘記〔一五〕。

〔八〕畏天事（天）〔大〕　據安南志略卷二大元詔制至元三十一年成宗皇帝聖旨改。類編已校。

〔九〕武宗朝進銀青榮祿大夫加金紫光祿大夫　按安南志略卷一三內附侯王，陳益稷進銀青榮祿大夫在武宗至大元年，加金紫光祿大夫在仁宗皇慶元年。疑此處「加金紫光祿大夫」上脫「仁宗朝」。

元史卷二百一十

列傳第九十七

外夷三

緬

緬國爲西南夷，不知何種。其地有接大理及去成都不遠者，又不知其方幾里也。其人有城郭屋廬以居，有象馬以乘，舟筏以濟。其文字進上者，用金葉寫之，次用紙，又次用檳榔葉，蓋騰譯而後通也。

世祖至元八年，大理、鄯闡等路宣慰司都元帥府遣乞䚟脫因等使緬國，招諭其主內附。四月，乞䚟脫因等導其使价博來，以聞。

十年二月，遣勘馬剌失里、乞䚟脫因等使其國，持詔諭之曰：「間者大理、鄯闡等路宣慰司都元帥府差乞䚟脫因導王國使价博詣京師，且言嚮至王國，但見其臣下，未嘗見王，又欲觀吾大國舍利。朕矜憫遠來，卽使來使覲見，又令縱觀舍利。益詢其所來，乃知王有內附意。國雖云遠，一視同仁。今再遣勘馬剌失里及禮部郎中國信使乞䚟脫因、工部郎中國信副使小云失往諭王國。誠能謹事大之禮，遣其子弟若貴近臣僚一來，以彰我國家無外之義，用敦永好，時乃之休。至若用兵，夫誰所好。王其思之。」

十二年四月，建寧路安撫使賀天爵言得金齒頭目阿郭之言曰：「乞䚟脫因之使緬，乃故父阿必所指也。至元九年三月，緬王恨父阿必，故領兵數萬來侵，執父阿必而去。不得已厚獻其國，乃得釋之。因知緬中部落之人猶羣狗耳。比者緬遣阿的八等九人至，乃候視國家動靜也。今白衣頭目是阿郭親戚，與緬爲鄰。嘗謂入緬有三道，一由天部馬，一由驃甸，一由阿郭地界，俱會緬之江頭城。又阿郭親戚阿提犯在緬掌五甸，戶各萬餘，欲內附。阿郭願先招阿提犯及金齒之未降者，以爲引道。」雲南省因言緬王無降心，去使不返，必須征討。六月，樞密院以聞。帝曰：「姑緩之。」十一月，雲南省始報：「差人探伺國使消息，而蒲賊阻道，今蒲人多降，道已通，遣金齒千額總管阿禾探得國使達緬俱安。」

十四年三月，緬人以阿禾內附，怨之，攻其地，欲立寨騰越、永昌之間。時大理路蒙古千戶忽都、大理路總管信苴日、總把千戶脫羅脫孩奉命伐永昌之西騰越、蒲、驃、阿昌、金齒未降部族，駐劄南甸。阿禾告急，忽都等晝夜行，與緬軍遇一河邊，其衆約四五萬，象八百，馬萬匹。忽都等軍僅七百人。緬人前乘馬，次象，次步卒；象被甲，背負戰樓，兩旁挾大竹筩，置短槍數十於其中，乘象者取以擊刺。忽都下令：「賊衆我寡，當先衝河北軍。」親率二百八十一騎爲一隊，信苴日以二百三十三騎傍河爲一隊，脫羅脫孩以一百八十七人依山爲一隊。交戰良久，賊敗走。信苴日追之三里，抵寨門，旋濘而退。忽南面賊兵萬餘，繞出官軍後。信苴日馳報，忽都復列爲三陣，進至河岸，擊之，又敗走。追破其十七寨，逐北至窄山口，轉戰三十餘里，賊及象馬自相蹂死者盈三巨溝。日暮，忽都中傷，遂收兵。明日，追之，至千額，不及而還。捕虜甚衆，軍中以一帽或一兩靴一氊衣易一生口。其脫者又爲阿禾、阿昌邀殺，歸者無幾。官軍負傷者雖多，惟〔一〕蒙古軍獲一象不得其性被擊而斃，〔二〕餘無死者。

十月，雲南省遣雲南諸路宣慰使都元帥納速剌丁率蒙古、爨、僰、摩些軍三千八百四十餘人征緬，至江頭，深蹂酋首細安立寨之所，招降其磨欲等三百餘寨土官曲蠟蒲折戶四千、孟磨愛呂戶一千、磨柰蒙匡里答八剌戶二萬、蒙忙甸土官甫祿堡戶一萬、木都彈禿戶二百，凡三萬五千二百戶，以天熱還師。

十七年二月，納速剌丁等上言：「緬國輿地形勢皆在臣目中矣。先奉旨，若重慶諸郡平，然後有事緬國。今四川已底寧，請益兵征之。」帝以問丞相脫里奪海，脫里奪海曰：「陛下初命發合剌章及四川與阿里海牙麾下士卒六萬人征緬，今納速剌丁止欲得萬人。」帝曰：「是矣。」卽命樞密繕甲兵，修武備，議選將出師。五月，詔雲南行省發四川軍萬人，命藥剌海領之，與前所遣將同征緬。十九年二月，詔思、播、敘諸郡及亦奚不薛諸蠻夷等處發士卒征緬。

二十年十一月，官軍伐緬，克之。先是，詔宗王相吾答兒、右丞太卜、參知政事也罕的斤將兵征緬。是年九月，大軍發中慶。十月，至南甸，太卜由羅必甸進軍。十一月，相吾答兒命也罕的斤取道於阿昔江，達鎭西阿禾江，造舟二百，下流至江頭城，斷緬人水路；自將一軍從驃甸徑抵其國，與太卜軍會。令諸將分地攻取，破其江頭城，擊殺萬餘人。別令都元帥〔玄〕〔袁〕世安以兵守其地，〔三〕積糧餉以給軍士，遣使持輿地圖奏上。

二十二年十一月，緬王遣其鹽井大官阿必立相至太公城，欲來納款，爲孟乃甸白衣頭目䚟塞阻道，不得行，遣謄馬宅者持信搭一片來告，驃甸土官匿俗乞報上司免軍馬入境，匿俗給榜遣謄馬宅回江頭城招阿必立相赴省，且報鎭西、平緬、麗川等路宣慰司、宣撫司，〔三〕差三摻持榜至江頭城付阿必立相、忙直卜算二人，期以兩月領軍來江頭城，宣撫司率蒙古軍至驃甸相見議事。阿必立相乞言於朝廷，降旨許其悔過，然後差大官赴闕。朝廷尋遣鎭西平緬宣撫司達魯花赤兼招討使怯烈使其國。

二十三年十月，以招討使張萬爲征緬副都元帥，也先鐵木兒征緬招討司達魯花赤，千戶張成征緬招討使，並虎符。敕造戰船，將兵六千人征緬，俾禿滿帶爲都元帥總之。雲南王以行省右丞愛魯奉旨征收金齒、察罕迭吉連地，撥軍一千人。是月，發中慶府，繼至永昌府，與征緬省官會，經阿昔甸，差軍五百人護送招緬使怯烈至太公城。二十四年正月，至忙乃甸。緬王爲其庶子不速速古里所執，囚於昔里怯答剌之地，又害其嫡子三人，與大官木浪周等四人爲逆，雲南王所命官阿難答等亦受害。二月，怯烈自忙乃甸登舟，留元送軍五百人于彼。雲南省請今秋進討，不聽。既而雲南王與諸王進征，至蒲甘，喪師七千餘，緬始平，乃定歲貢方物。

大德元年二月，以緬王的立普哇拿阿迪提牙嘗遣其子信合八的奉表入朝，請歲輸銀二千五百兩、帛千匹、馴象二十、糧萬石，詔封的立普哇拿阿迪提牙爲緬王，賜銀印，子信合八的爲緬國世子，賜以虎符。

三年三月，緬復遣其世子奉表入謝，自陳部民爲金齒殺掠，率皆貧乏，以致上供金幣不能如期輸納。帝憫之，止命間歲貢象，仍賜衣遣還。四年四月，遣使進白象。

五月，的立普哇拿阿迪提牙爲其弟阿散哥也等所殺，其子窟麻剌哥撒八逃詣京師。令忙完禿魯迷失率師往問其罪。蠻賊與八百媳婦國通，其勢張甚。忙完禿魯迷失請益兵，又命薛超兀而等將兵萬二千人征之，仍令諸王闊闊節制其軍。六月，詔立窟麻剌哥撒八爲王，賜以銀印。秋七月，緬賊阿散哥也弟者蘇等九十一人各奉方物入朝，命餘人置中慶，遣者蘇等來上都。八月，緬國阿散吉牙等昆弟赴闕，自言殺主之罪，罷征緬兵。

五年九月，雲南參知政事高慶、宣撫使察罕不花伏誅。初，慶等從薛超兀而圍緬兩月，城中薪食俱盡，勢將出降，慶等受其重賂，以炎暑瘴疫爲辭，輒引兵還。故誅之。十月，緬遣使入貢。

占城

占城近瓊州，順風舟行一日可抵其國。世祖至元間，廣南西道宣慰使馬成旺嘗請兵三千人、馬三百匹征之。十五年，(右)〔左〕丞唆都以宋平遣人至占城，〔四〕還言其王失里咱牙信合八剌〔麻〕哈迭瓦有內附意，〔五〕詔降虎符，授榮祿大夫，封占城郡王。十六年十二月，遣兵部侍郎教化的、總管孟慶元、萬戶孫勝夫與唆都等使占城，諭其王入朝。

十七年二月，占城國王保寶旦拏囉耶邛南詼占把地囉耶遣使貢方物，奉表降。十九年十月，朝廷以占城國主孛由補剌者吾曩歲遣使來朝，稱臣內屬，遂命(左)〔右〕丞唆都等即其地立省以撫安之。〔六〕既而其子補的專國，負固弗服，萬戶何子志、千戶皇甫傑使暹國，宣慰使尤永賢、亞闌等使馬八兒國，舟經占城，皆被執，故遣兵征之。帝曰：「老王無罪，逆命者乃其子與一蠻人耳。苟獲此兩人，當依曹彬故事，百姓不戮一人。」

十一月，占城行省官率兵自廣州航海至占城港。港口北連海，海旁有小港五，通其國大州，東南止山，西旁木城。官軍依海岸屯駐。占城兵治木城，四面約二十餘里，起樓棚，立回回三梢砲百餘座。又木城西十里建行宮，孛由補剌者吾親率重兵屯守應援。行省遣都鎮撫李天祐、總把賈甫招之，七往，終不服。十二月，招眞臘國使速魯蠻請往招諭，復與天祐、甫偕行，得其回書云：「已修木城，備甲兵，刻期請戰。」

二十年正月，行省傳令軍中，以十五日夜半發船攻城。至期，分遣瓊州安撫使陳仲達、總管劉金、總把栗全以兵千六百人由水路攻木城北面；總把張斌、百戶趙達以三百人攻東面沙觜；省官三千人分三道攻南面。舟行至天明泊岸，爲風濤所碎者十七八。賊開木城南門，建旗鼓，出萬餘人，乘象者數十，亦分三隊迎敵，矢石交下。自卯至午，賊敗北，官軍入木城，復與東北二軍合擊之，殺溺死者數千人。守城供餉饋者數萬人悉潰散。國主棄行宮，燒倉廩，殺永賢、亞闌等，與其臣逃入山。十七日，整兵攻大州。十九日，國主使報答者來求降。二十日，兵至大州東南，遣報答者回，許其降，免罪。二十一日，入大州。又遣博思兀魯班者來言：「奉王命，〔七〕國主、太子後當自來。」行省傳檄召之，官軍復駐城外。二十三日，遣其舅寶脫禿花等三十餘人，奉國王信物雜布二百匹、大銀三錠、小銀五十七錠、碎銀一甕爲質，來歸款。又獻金葉九節標槍曰：「國主欲來，病未能進，先使持其槍來，以見誠意。長子補的期三日請見。」省官卻其物。寶脫禿花曰：「不受，是薄之也。」行省度不可卻，姑令收置，乃以上聞。

寶脫禿花復令其主第四子利世麻八都八德剌、第五子世利印德剌來見，且言：「先有兵十萬，故求戰。今皆敗散。聞敗兵言，補的被傷已死。國主頰中箭，今小愈，愧懼未能見也，故先遣二子來議赴闕進見事。」省官疑其非眞子，聽其還。諭國主早降，且以問疾爲辭，遣千戶林子全、總把栗全、李德堅偕往覘之。二子在途先歸。子全等入山兩程，國主遣人來拒，不果見。寶脫禿花謂子全曰：「國主遷延不肯出降，今反揚言欲殺我，可歸告省官，來則來，不來，我當執以往。」子全等回營。是日，又殺何子志、皇甫傑等百餘人。

二月八日，寶脫禿花又至，自言：「吾祖父、伯、叔，前皆爲國主，至吾兄，今孛由補剌者吾殺而奪其位，斬我左右二大指。我實怨之。願禽孛由補剌者吾、補的父子，及大拔撒機兒以獻。請給大元服色。」行省賜衣冠，撫諭以行。十三日，居占城唐人曾延等來言：「國主逃於大州西北鴉候山，聚兵三千餘，并招集他郡兵未至，不日將與官軍交戰。懼唐人泄其事，將盡殺之。延等覺而逃來。」十五日，寶脫禿花偕宰相報孫達兒及撮及大師等五人來降。

行省官引曾延等見，寶脫禿花詰之，曰：「延等姦細人也，請繫縲之。國主軍皆潰散，安敢復戰。」又言：「今未附州郡凡十二處，每州遣一人招之。舊州水路，乞行省與陳安撫及寶脫禿花各遣一人乘舟招諭攻取。陸路則乞行省官陳安撫與己往擒國主、補的及攻其城。」行省猶信其言，調兵一千屯半山塔，遣子全、德堅等領軍百人，與寶脫禿花同赴大州進討，約有急則報半山軍。

子全等比至城西，寶脫禿花背約間行，自北門乘象遁入山。官軍獲諜者曰：「國主實在鴉候山立寨，聚兵約二萬餘，遣使交趾、眞臘、闍婆等國借兵，及徵賓多龍、舊州等軍未至。」十六日，遣萬戶張顒等領兵赴國主所棲之境。十九日，顒兵近(水)〔木〕城二十里。〔八〕賊浚濠塹，拒以大木，官軍斬刈超距奮擊，破其二千餘衆。轉戰至木城下，山林阻隘不能進，賊旁出截歸路，軍皆殊死戰，遂得解還營。行省遂整軍聚糧，創木城，遣總管劉金、千戶劉涓、岳榮守禦。

二十一年三月六日，唆都領軍回。十五日，江淮省所遣助唆都軍萬戶忽都虎等至占城唆都舊制行省舒眉蓮港，見營舍燒盡，始知官軍已回。二十日，忽都虎令百戶陳奎招其國主來降。二十七日，占城主遣王通事者來稱納降。忽都虎等諭令其父子奉表進獻。國主遣文勞卬大巴南等來稱，唆都除蕩其國，貧無以獻，來年當備禮物，令嫡子入朝。四月十二日，國主令其孫濟目理勒蟄、文勞卬大巴南等奉表歸款。是年，命平章政事阿里海牙奉鎮南王脫歡發兵，假道交趾伐占城，不果行。

暹

暹國，當成宗元貞元年，進金字表，欲朝廷遣使至其國。比其表至，已先遣使，蓋彼未之知也。賜來使素金符佩之，使急追詔使同往。以暹人與麻里予兒舊相讎殺，至是皆歸順，有旨諭暹人「勿傷麻里予兒，以踐爾言」。大德三年，暹國主上言，其父在位時，朝廷嘗賜鞍轡、白馬及金縷衣，乞循舊例以賜。帝以丞相完澤答剌罕言「彼小國而賜以馬，恐其鄰忻都輩譏議朝廷」，仍賜金縷衣，不賜以馬。

爪哇

爪哇在海外，視占城益遠。自泉南登舟海行者，先至占城而後至其國。其風俗土產不可考，大率海外諸蕃國多出奇寶，取貴於中國，而其人則醜怪，情性語言與中國不能相通。世祖撫有四夷，其出師海外諸蕃者，惟爪哇之役爲大。

至元二十九年二月，詔福建行省除史弼、亦黑迷失、高興平章政事，征爪哇；會福建、江西、湖廣三行省兵凡二萬，設左右軍都元帥府二、征行上萬戶四，發舟千艘，給糧一年、鈔四萬錠，降虎符十、金符四十、銀符百、金衣段百端，用備功賞。亦黑迷失等陛辭。帝曰：「卿等至爪哇，明告其國軍民，朝廷初與爪哇通使往來交好，後刺詔使孟右丞之面，以此進討。」九月，軍會慶元。弼、亦黑迷失領省事，赴泉州；興率輜重自慶元登舟涉海。十一月，福建、江西、湖廣三省軍會泉州。十二月，自後渚啓行。

三十年正月，至構欄山議方略。二月，亦黑迷失、孫參政先領本省幕官幷招諭爪哇等處宣慰司官曲出海牙、楊梓、全忠祖，萬戶張塔刺赤等五百餘人，船十艘，先往招諭之。大軍繼進於吉利門。弼、興進至爪哇之杜並足，與亦黑迷失等議，分軍下岸，水陸並進。弼（興）〔與〕孫參政帥都元帥那海、〔九〕萬戶寧居仁等水軍，自杜並足由戎牙路港口至八節澗。興與亦黑迷失帥都元帥鄭鎭國、萬戶脫歡等馬步軍，自杜並足陸行。以萬戶申元爲前鋒。遣副元帥土虎登哥，萬戶褚懷遠、李忠等乘鑽鋒船，由戎牙路，於麻喏巴歇浮梁前進，赴八節澗期會。

招諭爪哇宣撫司官言：爪哇主壻土罕必闍耶舉國納降，土罕必闍耶不能離軍，先令楊梓、甘州不花、全忠祖引其宰相昔刺難答吒耶等五十餘人來迎。三月一日，會軍八節澗。

澗上接杜馬班王府，下通莆奔大海，乃爪哇咽喉必爭之地。又其謀臣希寧官沿河泊舟，觀望成敗，再三招諭不降。行省於澗邊設偃月營，留萬戶王天祥守河津，土虎登哥、李忠等領水軍，鄭鎮國、省都鎮撫倫信等領馬步軍水陸並進。希寧官懼，棄船宵遁，獲鬼頭大船百餘艘。令都元帥那海、萬戶寗居仁、鄭珪、高德誠、張受等鎮八節澗海口。

大軍方進，土罕必闍耶遣使來告，葛郎王追殺至麻喏巴歇，請官軍救之。亦黑迷失、張參政先往安慰土罕必闍耶，鄭鎮國引軍赴章孤接援。興進至麻喏巴歇，却稱葛郎兵未知遠近，興回八節澗。亦黑迷失尋報賊兵今夜當至，召興赴麻喏巴歇。

七日，葛郎兵三路攻土罕必闍耶。八日黎明，亦黑迷失、孫參政率萬戶李明迎賊於西南，不遇。興與脫歡由東南路與賊戰，殺數百人，餘奔潰山谷。日中，西南路賊又至，興再戰至晡，又敗之。十五日，分軍爲三道伐葛郎，期十九日會答哈，聽砲聲接戰。土虎登哥等水軍泝流而上，亦黑迷失等由西道，興等由東道進，土罕必闍耶軍繼其後。十九日，至答哈。葛郎國主以兵十餘萬交戰，自卯至未，連三戰，賊敗奔潰，擁入河死者數萬人，殺五千餘人。國主入內城拒守，官軍圍之，且招其降。是夕，國主哈只葛當出降，撫諭令還。四月二日，遣土罕必闍耶還其地，具入貢禮，以萬戶捏只不丁、甘州不花率兵二百護送。十九日，土罕必闍耶背叛逃去，留軍拒戰。捏只不丁、甘州不花、省掾馮祥皆遇害。二十四日，軍還。得哈只葛當妻子官屬百餘人，及地圖戶籍、所上金字表以還。事見史弼、高興傳。

瑠求

瑠求，在南海之東。漳、泉、興、福四州界內彭湖諸島，與瑠求相對，亦素不通。天氣清明時，望之隱約若煙若霧，其遠不知幾千里也。西南北岸皆水，至彭湖漸低，近瑠求則謂之落漈，漈者水趨下而不回也。凡西岸漁舟到彭湖已下，遇颶風發作，漂流落漈，回者百一。瑠求，在外夷最小而險者也。漢、唐以來，史所不載，近代諸蕃市舶不聞至其國。

世祖至元二十八年九月，海船副萬戶楊祥請以六千軍往降之，不聽命則遂伐之，朝廷從其請。繼有書生吳志斗者上言生長福建，熟知海道利病，以爲若欲收附，且就彭湖發船往諭，相水勢地利，然後興兵未晚也。冬十月，乃命楊祥充宣撫使，給金符，吳志斗禮部員外郎，阮鑒兵部員外郎，並給銀符，往使瑠求。詔曰：「收撫江南已十七年，海外諸蕃罔不臣屬。惟瑠求邇閩境，未曾歸附。議者請卽加兵。朕惟祖宗立法，凡不庭之國，先遣使招諭，來則按堵如故，否則必致征討。今止其兵，命楊祥、阮鑒往諭汝國。果能慕義來朝，存爾國祀，保爾黎庶；若不效順，自恃險阻，舟師奄及，恐貽後悔。爾其愼擇之。」

二十九年三月二十九日，自汀路尾澳舟行，至是日巳時，海洋中正東望見有山長而低者，約去五十里。祥稱是瑠求國，鑒稱不知的否。祥乘小舟至低山下，以其人衆，不親上，令軍官劉閏等二百餘人以小舟十一艘，載軍器，領三嶼人陳煇者登岸。岸上人衆不曉三嶼人語，爲其殺死者三人，遂還。四月二日，至彭湖。祥責鑒、志斗「已到瑠求」文字，二人不從。明日，不見志斗蹤跡，覓之無有也。先，志斗嘗斥言祥生事要功，欲取富貴，其言誕妄難信，至是，疑祥害之。祥顧稱志斗初言瑠求不可往，今祥已至瑠求而還，志斗懼罪逃去。志斗妻子訴于官。有旨，發祥、鑒還福建置對。後遇赦，不竟其事。

成宗元貞三年，福建省平章政事高興言，今立省泉州，距瑠求爲近，可伺其消息，或宜招宜伐，不必它調兵力，興請就近試之。九月，高興遣省都鎮撫張浩、福州新軍萬戶張進赴瑠求國，禽生口一百三十餘人。

三嶼

三嶼國，近瑠求。世祖至元三十年，命選人招誘之。平章政事伯顏等言：「臣等與識者議，此國之民不及二百戶，時有至泉州爲商賈者。去年入瑠求，軍船過其國，國人餉以糧食，館我將校，無它志也。乞不遣使。」帝從之。

馬八兒等國

海外諸蕃國，惟馬八兒與俱藍足以綱領諸國，而俱藍又為馬八兒後障，自泉州至其國約十萬里。其國至阿不合大王城，水路得便風，約十五日可到，比餘國最大。世祖至元間，行中書省左丞唆都等奉璽書十通，招諭諸蕃。未幾，占城、馬八兒國俱奉表稱藩，餘俱藍諸國未下。行省議遣使十五人往諭之。帝曰：「非唆都等所可專也，若無朕命，不得擅遣使。」

十六年十二月，遣廣東招討司達魯花赤楊庭璧招俱藍。十七年三月，至其國。國主必納的令其弟肯那却不剌木省書回回字降表，附庭璧以進，言來歲遣使入貢。十月，授哈撒兒海牙俱藍國宣慰使，偕庭璧再往招諭。十八年正月，自泉州入海，行三月，抵僧伽耶山，〔一〇〕舟人鄭震等以阻風乏糧，勸往馬八兒國，或可假陸路以達俱藍國，從之。四月，至馬八兒國新村馬頭，登岸。其國宰相馬因的謂：「官人此來甚善，本國船到泉州時官司亦嘗慰勞，無以為報。今以何事至此？」庭璧等告其故，因及假道之事，馬因的乃託以不通為辭。與其宰相不阿里相見，又言假道。不阿里亦以它事辭。五月，二人蚤至館，屏人，令其官者為通情實：「乞為達朝廷，我一心願為皇帝奴。我使札馬里丁入朝，我大必闍赤赴算彈華言國主也。告變，算彈籍我金銀田產妻孥，又欲殺我，我詭辭得免。今算彈兄弟五人皆聚加一之地，議與俱藍交兵；及聞天使來，對衆稱本國貧陋。此是妄言。凡回回國金珠寶貝盡出本國，其餘回回盡來商賈。此間諸國皆有降心，若馬八兒既下，我使人持書招之，可使盡降。」時哈撒兒海牙與庭璧以阻風不至俱藍，遂還。哈撒兒海牙入朝計事，期以十一月俟北風再舉。至期，朝廷遣使令庭璧獨往。

十九年二月，抵俱藍國。國主及其相馬合麻等迎拜璽書。三月，遣其臣祝阿里沙忙里八的入貢。時也里可溫兀咱兒撒里馬及木速蠻主馬合麻等亦在其國，聞詔使至，皆相率來告願納歲幣，遣使入覲。會蘇木達國亦遣人因俱藍主乞降，庭璧皆從其請。四月，還至那旺國。庭璧復說下其主忙昂比。至蘇木都剌國，國主土漢八的迎使者。庭璧因喻以大意，土漢八的卽日納款稱藩，遣其臣哈散、速里蠻二人入朝。

二十年，馬八兒國遣僧撮及班入朝；五月，將至上京，帝卽遣使迓諸途。

二十三年，海外諸蕃國以楊庭璧奉詔招諭至是皆來降。諸國凡十：曰馬八兒，曰須門那，曰僧急里，曰南無力，曰馬蘭丹，曰那旺，曰丁呵兒，曰來來，曰急蘭亦鯓，曰蘇木都剌，皆遣使貢方物。

校勘記

〔一〕惟〔一〕蒙古軍　據元文類卷四一經世大典序錄征伐補。新元史已校。

〔二〕（玄）〔袁〕世安　道光本與元文類卷四一經世大典序錄征伐合，從改。

〔三〕鎭西平緬麗川等路宣慰司宣撫司　按本書卷六一地理志，鎭西、平緬、麓川等路隸金齒等處宣撫司，卷一三三怯烈傳有「鎭西〔平〕緬麓川等路宣撫司」。此處「麗」字疑爲「麓」之訛。

〔四〕（右）〔左〕丞㕮都　據本書卷一〇世祖紀至元十五年八月辛巳條、卷一二九㕮都傳改。類編已校。

〔五〕失里咱牙信合八剌〔麻〕哈迭瓦　據本書卷一一世祖紀至元十八年十月己酉條及元文類卷四一經世大典序錄征伐補。新編已校。

〔六〕（左）〔右〕丞㕮都　據本書卷一一世祖紀至元十八年十月己酉條、卷一二九㕮都傳改。類編已校。

〔七〕奉王命　按元文類卷四一經世大典序錄征伐作「奉王命來降」。道光本補「來降」二字。

〔八〕（水）〔木〕城　從道光本改。

〔九〕弼（興）〔與〕孫參政　道光本與元文類卷四一經世大典序錄征伐合，從改。

〔一〇〕僧伽耶山　新編云：「『耶爲那之譌。一作僧伽剌，大唐西域記作僧伽羅，今曰錫蘭山。』」

進元史表

銀青榮祿大夫、上柱國、錄軍國重事、中書左丞相兼太子少師、宣國公臣李善長等言：伏以紀一代以爲書，史法相沿於遷、固；考前王之成憲，周家有監於夏、殷。蓋因已往之廢興，用作將來之法戒。惟元氏之有國，本朔漠以造家。事兵戈而爭強，并部落者十世；逐水草而爲食，擅雄長於一隅。逮至成吉思之時，聚會斡難河之上，方尊位號，始定教條。既近取於乃蠻，復遠攻於回紇。渡黃河以蹴西夏，踰居庸以瞰中原。太宗繼之，而金源爲墟。世祖承之，而宋籙遂訖。立經陳紀，用夏變夷。肆宏遠之規模，成混一之基業。爰及成、仁之主，見稱願治之君。唯祖訓之式遵，思孫謀之是遺。自茲以降，亦號隆平。豐亨豫大之言，壹倡於天曆之世；離析渙奔之禍，馴致於至正之朝。徒玩細娛，浸忘遠慮。權姦蒙蔽於外，嬖倖蠱惑於中。周綱遽致於陵遲，漢網實因於疏闊。由是羣雄角逐，九域瓜分。風波徒沸於重溟，海岳竟歸於眞主。臣善長等誠惶誠恐，頓首頓首。

欽惟皇帝陛下奉天承運，濟世安民。建萬世之丕圖，紹百王之正統。大明出而爝火息，率土生輝；迅雷鳴而衆響銷，鴻音斯播。載念盛衰之故，乃推忠厚之仁。僉言實旣亡而名亦隨亡，獨謂國可滅而史不當滅。特詔遺逸之士，欲求論議之公。文辭勿致於艱深，事跡務令於明白。苟善惡瞭然在目，庶勸懲有益於人。此皆天語之丁寧，足見聖心之廣大。於是命翰林學士臣宋濂、待制臣王禕協恭刊裁，儒士臣汪克寬、臣胡翰、臣宋僖、臣陶凱、臣陳基、臣趙壎、臣曾魯、臣趙汸、臣張文海、臣徐尊生、臣黃篪、臣傅恕、臣王錡、臣傅著、臣謝徽、臣高啓分科修纂。上自太祖，下迄寧宗，據十三朝實錄之文，成百餘卷粗完之史。若自元統以後，則其載籍靡存。已遣使而旁求，俟續編而上送。愧其才識之有限，弗稱三長；兼以紀述之未周，殊無寸補。臣善長忝司鈞軸，幸覩成書。信傳信而疑傳疑，僅克編摩於歲月；筆則筆而削則削，敢言褒貶於春秋。仰塵乙夜之觀，期作千秋之鑑。所譔元史，本紀三十七卷，志五十三卷，表六卷，傳六十三卷，目錄二卷，通計一百六十一卷，凡一百三十萬六千餘字，謹繕寫裝潢成一百二十册，隨表上進以聞。臣善長下情無任激切屏營之至。臣善長等誠惶誠恐，頓首頓首，謹言。

洪武二年八月十一日，銀青榮祿大夫、上柱國、錄軍國重事、中書左丞相兼太子少師、宣國公臣李善長上表。

纂修元史凡例

一、本紀

按：兩漢本紀，事實與言辭並載，兼有書、春秋之義。及唐本紀，則書法嚴謹，全倣乎春秋。今修元史，本紀準兩漢史。

一、志

按：歷代史志，爲法間有不同。至唐志，則悉以事實組織成篇，考覈之際，學者憚之。惟近代宋史所志，條分件列，覽者易見。今修元史，志準宋史。

一、表

按：漢、唐史表所載爲詳，而三國志、五代史則無之。唯遼、金史據所可考者作表，不計詳略。今修元史，表準遼、金史。

一、列傳

按：史傳之目，冠以后妃，尊也；次以宗室諸王，親也；次以一代諸臣，善惡之總也；次以叛逆，成敗之歸也；次以四夷，王化之及也。然諸臣之傳，歷代名目又自增減不同。今修元史，傳準歷代史而參酌之。

一、歷代史書，紀、志、表、傳之末，各有論贊之辭。今修元史，不作論贊，但據事直書，具文見意，使其善惡自見，準春秋及欽奉聖旨事意。

宋濂目錄後記

洪武元年秋八月，上既平定朔方，九州攸同，而金匱之書，悉入於祕府。冬十有二月，乃詔儒臣，發其所藏，纂修元史，以成一代之典，而臣濂、臣禕實爲之總裁。明年春二月丙寅開局，至秋八月癸酉書成，紀凡三十有七卷，志五十有三卷，表六卷，傳六十有三卷。丞相、宣國公臣善長率同列表上，已經御覽。至若順帝之時，史官職廢，皆無實錄可徵，因未得爲完書。上復詔儀曹遣使行天下，其涉於史事者，令郡縣上之。又明年春二月乙丑開局，至秋七月丁亥書成，又復上進，以卷計者，紀十，志五，表二，傳三十又六。凡前書有所未備，頗補完之。其時與編摩者，則臣趙壎、臣朱右、臣貝瓊、臣朱世濂、臣王廉、臣王彝、臣張孟兼、臣高遜志、臣李懋、臣李汶、臣張宣、臣張簡、臣杜寅、臣俞寅、臣殷弼，而總其事者，仍臣濂與臣禕焉。合前後二書，復釐分而附麗之，共成二百一十卷。舊所纂錄之士，其名見於表中者，或仕或隱，皆散之四方，獨壎能終始其事云。

昔者，唐太宗以開基之主，干戈甫定，卽留神於晉書，敕房玄齡等撰次成編，人至今傳之。欽惟皇上龍飛江左，取天下於羣雄之手，大統旣正，亦詔修前代之史，以爲世鑒。古今帝王能成大業者，其英見卓識，若合符節蓋如是。於戲盛哉！第臣濂等以荒唐繆悠之學，義例不明，文辭過陋，無以稱塞詔旨之萬一。夙夜揣分，無任戰兢。今鏤板訖功，謹繫歲月次第於目錄之左，庶幾博雅君子相與刊定焉。

洪武三年十月十三日，史臣金華宋濂謹記。